15분 집중의 힘
1등 하는 공부 습관

용선생 15분 한국사 독해

2

남북국 시대~고려 시대

사회평론

용선생 15분 한국사 독해

구성과 활용

안녕, 친구들! '용쓴다, 용써!' 용선생이야!
앞으로 나와 함께 매일 하루 15분, 우리 역사의 주요 인물들을 만나 보자.
이야기를 읽다 보면 주인공이 어떤 시대에 살았고, 무슨 생각을 했는지도
잘 이해할 수 있을 거야. 매일 꾸준히만 읽으면 너도 어느새
한국사 척척 박사가 될걸! 역사반 친구들도 함께할 테니 기대해도 좋아.
그럼 역사 인물을 만나러 떠나 볼까?

1 하루 15분, 역사 인물 이야기 읽기!

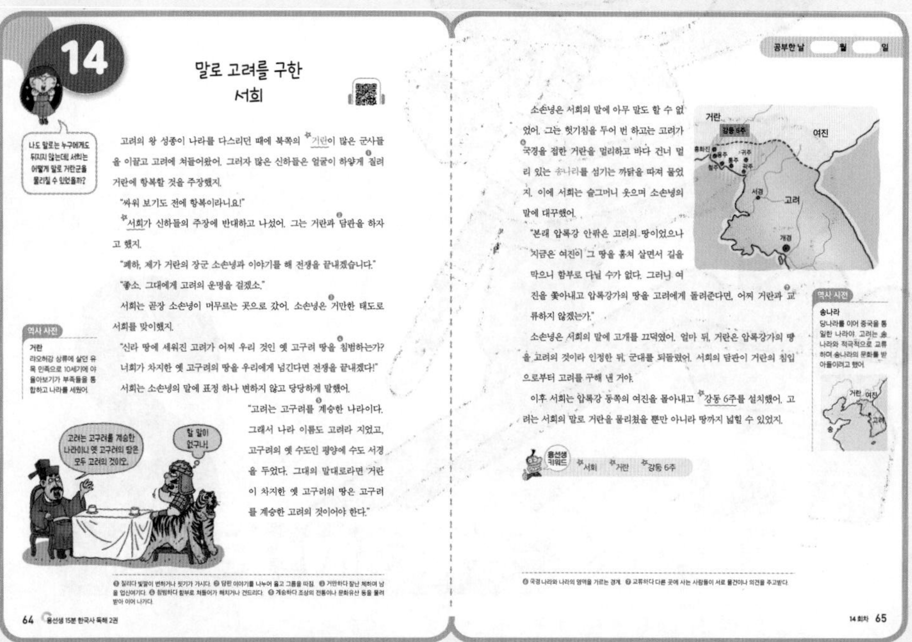

14

말로 고려를 구한 서희

나도 말로는 누구에게도 뒤지지 않는데! 서희는 어떻게 말로 거란군을 물리칠 수 있었을까?

고려의 왕 성종이 나라를 다스리던 때에 북쪽의 거란이 많은 군사들을 이끌고 고려에 쳐들어왔어. 그러자 많은 신하들은 얼굴이 하얗게 ①질려 거란에 항복할 것을 주장했지.

"싸워 보기도 전에 항복이라니요!"

서희가 신하들의 주장에 반대하고 나섰어. 그는 거란과 ②담판을 하자고 했지.

"폐하, 제가 거란의 장군 소손녕과 이야기를 해 전쟁을 끝내겠습니다."

"좋소. 그대에게 고려의 운명을 걸겠소."

서희는 곧장 소손녕이 머무르는 곳으로 갔어. 소손녕은 ③거만한 태도로 서희를 맞이했지.

"신라 땅에 세워진 고려가 어찌 우리 것인 옛 고구려 땅을 ④침범하는가? 너희가 차지한 옛 고구려의 땅을 우리에게 넘긴다면 전쟁을 끝내겠다!"

서희는 소손녕의 말에 표정 하나 변하지 않고 당당하게 말했어.

"고려는 고구려를 ⑤계승한 나라이다. 그래서 나라 이름도 고려라 지었고, 고구려의 옛 수도인 평양에 수도 서경을 두었다. 그대의 말대로라면 거란이 차지한 옛 고구려의 땅은 고구려를 계승한 고려의 것이어야 한다."

역사 사전
거란
라오허강 상류에 살던 유목 민족으로 10세기에 야율아보기가 부족들을 통합하고 나라를 세웠어.

고려는 고구려를 계승한 나라이니 옛 고구려의 땅은 모두 고려의 것이오.

할 말이 없구나!

① 질리다 빛깔이 변하거나 핏기가 가시다. ② 담판 이야기를 나누어 옳고 그름을 따짐. ③ 거만하다 잘난 체하며 남을 업신여기다. ④ 침범하다 함부로 쳐들어가 해치거나 건드리다. ⑤ 계승하다 조상의 전통이나 문화유산 등을 물려받아 이어 나가다.

64 용선생 15분 한국사 독해 2권

공부한 날 월 일

소손녕은 서희의 말에 아무 말도 할 수 없었어. 그는 헛기침을 두어 번 하고는 고려가 ⑥국경을 접한 거란을 멀리하고 바다 건너 멀리 있는 송나라를 섬기는 까닭을 따져 물었지. 이에 서희는 슬그머니 웃으며 소손녕의 말에 대꾸했어.

"본래 압록강 안팎은 고려의 땅이었으나 지금은 여진이 그 땅을 훔쳐 살면서 길을 막으니 함부로 다닐 수가 없다. 그러니 여진을 쫓아내고 압록강가의 땅을 고려에게 돌려준다면, 어찌 거란과 ⑦교류하지 않겠는가."

소손녕은 서희의 말에 고개를 끄덕였어. 얼마 뒤, 거란은 압록강가의 땅을 고려의 것이라 인정한 뒤, 군대를 되돌렸어. 서희의 담판이 거란의 침입으로부터 고려를 구해 낸 거야.

이후 서희는 압록강 동쪽의 여진을 몰아내고 강동 6주를 설치했어. 고려는 서희의 말로 거란을 물리쳤을 뿐만 아니라 땅까지 넓힐 수 있었지.

거란
강동 6주
여진
흥화진
용주
귀주
통주
곽주
철주
서경
고려
개경

역사 사전
송나라
당나라를 이어 중국을 통일한 나라야. 고려는 송나라와 적극적으로 교류하며 송나라의 문화를 받아들이려고 했어.

거란
여진
고려
송

용선생 키워드 서희 거란 강동 6주

⑥ 국경 나라와 나라의 영역을 가르는 경계. ⑦ 교류하다 다른 곳에 사는 사람들이 서로 물건이나 의견을 주고받다.

14회차 65

안녕! 나는 장하다야!
인물들의 이야기를 읽다 보면
그 시대 속으로 풍덩
빠져 버릴 거야!

한국사 옛 인물들의 재미있는 이야기를 읽어 보자. 주인공의 대사와 그림을 보다 보면 그 시대에 들어와 있는 것처럼 생생하게 느껴질 거야. **용선생 키워드**는 시험에 나오는 **핵심 키워드**이니 잊지 말고 다시 한번 살펴보자! 파란색 단어는 역사 사전을 참고해. 초등학교 사회 교과서에 나오는 역사 개념은 물론 이야기에 나오는 지역이 지도에서 어디쯤인지 확인할 수 있지! 또 숫자로 표시된 낱말은 지문 아래에 뜻풀이를 해두었으니 잘 이해했는지 확인해 보자!

2 문제로 내용 확인하고 어휘력 확장하기!

난 나선애야! 다양한 문제를
풀다 보면 생각하는 힘이
쑥쑥 자랄 거야!

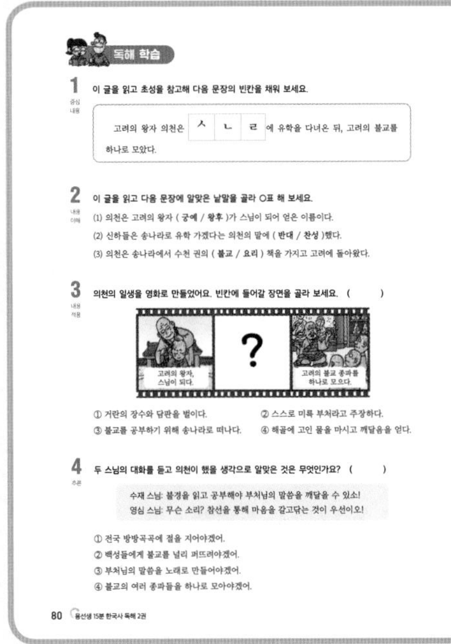

독해 학습

1 이 글을 읽고 초성을 참고해 다음 문장의 빈칸을 채워 보세요.
중심 내용

고려의 왕자 의천은 ㅅ ㄴ ㄹ 에 유학을 다녀온 뒤, 고려의 불교를 하나로 모았다.

2 이 글을 읽고 다음 문장에 알맞은 낱말을 골라 ○표 해 보세요.
내용 이해

(1) 의천은 고려의 왕자 (궁예 / 왕후)가 스님이 되어 얻은 이름이다.
(2) 신하들은 송나라로 유학 가겠다는 의천의 말에 (반대 / 찬성)했다.
(3) 의천은 송나라에서 수천 권의 (불교 / 요리) 책을 가지고 고려에 돌아왔다.

3 의천의 일생을 영화로 만들었어요. 빈칸에 들어갈 장면을 골라 보세요. (　　)
내용 적용

고려의 왕자, 스님이 되다. / ? / 고려의 불교 종파를 하나로 모으다.

① 거란의 장수와 담판을 벌이다.
② 스스로 미륵 부처라고 주장하다.
③ 불교를 공부하기 위해 송나라로 떠나다.
④ 해골에 고인 물을 마시고 깨달음을 얻다.

4 두 스님의 대화를 듣고 의천이 했을 생각으로 알맞은 것은 무엇인가요? (　　)
추론

수재 스님: 불경을 읽고 공부해야 부처님의 말씀을 깨달을 수 있소!
영심 스님: 무슨 소리? 참선을 통해 마음을 갈고닦는 것이 우선이오!

① 전국 방방곡곡에 절을 지어야겠어.
② 백성들에게 불교를 널리 퍼뜨려야겠어.
③ 부처님의 말씀을 노래로 만들어야겠어.
④ 불교의 여러 종파들을 하나로 모아야겠어.

80 용선생 15분 한국사 독해 2권

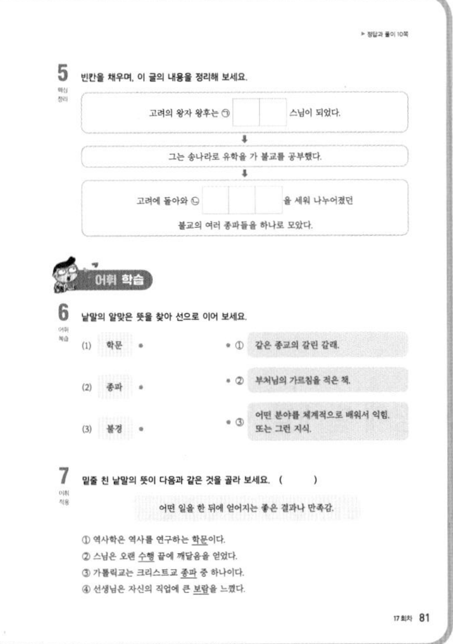

▶ 정답과 풀이 10쪽

5 빈칸을 채우며, 이 글의 내용을 정리해 보세요.
핵심 정리

고려의 왕자 왕후는 ㉠ [　][　] 스님이 되었다.
↓
그는 송나라로 유학을 가 불교를 공부했다.
↓
고려에 돌아와 ㉡ [　][　][　] 을 세워 나누어졌던 불교의 여러 종파들을 하나로 모았다.

어휘 학습

6 낱말의 알맞은 뜻을 찾아 선으로 이어 보세요.
어휘 복습

(1) 학문 •　　• ① 같은 종교의 갈린 갈래.
(2) 종파 •　　• ② 부처님의 가르침을 적은 책.
(3) 불경 •　　• ③ 어떤 분야를 체계적으로 배워서 익힘. 또는 그런 지식.

7 밑줄 친 낱말의 뜻이 다음과 같은 것을 골라 보세요. (　　)
어휘 적용

어떤 일을 한 뒤에 얻어지는 좋은 결과나 만족감.

① 역사학은 역사를 연구하는 학문이다.
② 스님은 오랜 수행 끝에 깨달음을 얻었다.
③ 가톨릭교는 크리스트교 종파 중 하나이다.
④ 선생님은 자신의 직업에 큰 보람을 느꼈다.

17회차 81

나는 왕수재! 마지막 어휘 문제도
빠짐없이 풀어 보길 바라.
한국사 공부가 더욱 쉬워질 거야.

문제를 풀면서 내용을 확인해 보자. 중심 내용 찾기, 내용 이해, 추론 등 **다양한 유형의 문제**를 풀다 보면 용선생이 뽑은 **키워드가 머릿속 깊이** 새겨질 거야. 문제가 안 풀린다고? 걱정 마! 다시 앞으로 가서 이야기를 확인하면 돼. 독해 학습 문제를 풀며 읽은 내용을 정리하고, 용선생 키워드도 다시 한번 확인해 보자. 어휘 학습 문제도 풀어 봐. 오늘 읽은 지문 속 필수 어휘가 머릿속에 쏙쏙 들어올 거야.

3 키워드로 복습하기!

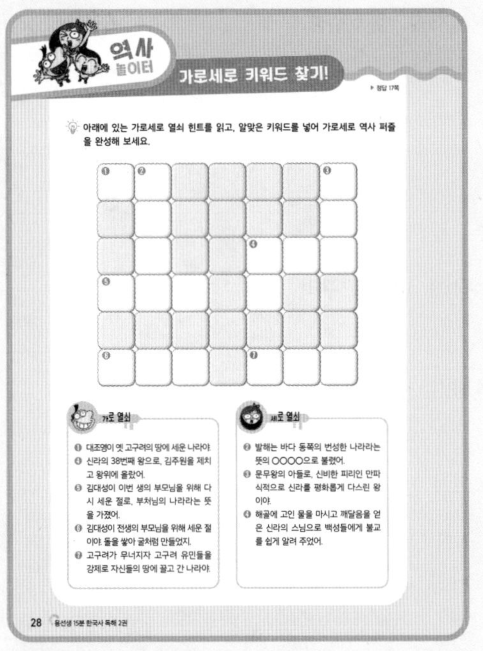

역사 놀이터 가로세로 키워드 찾기!

▶ 정답 17쪽

아래에 있는 가로세로 열쇠 힌트를 읽고, 알맞은 키워드를 넣어 가로세로 역사 퍼즐을 완성해 보세요.

가로 열쇠

① 대조영이 옛 고구려의 땅에 세운 나라야.
④ 신라의 38번째 왕으로, 김주원을 제치고 왕위에 올랐어.
⑤ 김대성이 이번 생의 부모님을 위해 다시 세운 절로, 부처님의 나라라는 뜻을 가졌어.
⑥ 김대성이 전생의 부모님을 위해 세운 절이야. 돌을 쌓아 굴처럼 만들었지.
⑦ 고구려가 무너지자 고구려 유민들을 강제로 자신들의 땅에 끌고 간 나라야.

세로 열쇠

② 발해는 바다 동쪽의 번성한 나라라는 뜻의 OOOO으로 불렸어.
③ 문무왕의 아들로, 신비한 피리인 만파식적으로 신라를 평화롭게 다스린 왕이야.
④ 해골에 고인 물을 마시고 깨달음을 얻은 신라의 스님으로 백성들에게 불교를 쉽게 알려 주었어.

28 용선생 15분 한국사 독해 2권

나는 곽두기야.
역사 놀이터에서
신나게 놀아 볼래?

앞서 배운 1주 5회차의 키워드들을 재미난 퀴즈를 풀며 떠올려 보자.
역사 놀이터에서 가로세로 키워드 찾기, 키워드 찾기 대작전,
키워드로 비밀 숫자 찾기 등을 하며 읽은 내용을 **재미있게 복습**할 수 있어.
공부한 내용이 새록새록 떠오를 거야.

인물의 이야기를 음원으로 듣기!

나는 허영심이야.
지금 QR 코드를 검색해
인물 이야기를 들어 봐!

실감 나는 오디오 음원을 통해
읽은 내용을 되새겨 봐. 이야기가
오랫동안 기억에 남을 거야.

용선생 15분 한국사 독해 차례

하루에 딱 15분!
역사 인물을 만나 볼까?
야호,
오늘은 어떤 인물이
기다릴까? 궁금해!

신라가 대동강의 남쪽을 다스릴 때,
고구려의 옛 땅엔 발해가 세워졌어. 남쪽에 신라,
북쪽에 발해가 함께 있던 때로 가 볼까?

676년 신라의 삼국 통일

698년 발해 건국

774년 불국사·석굴암 완성

회차	학습 내용	핵심 키워드	교과 연계	학습 계획일
01	**신문왕,** 신비한 피리로 나라를 다스리다	신문왕 만파식적	【사회 5-2】 1. 옛사람들의 삶과 문화 ① 나라의 등장과 발전	월 일
02	**원효,** 백성들에게 불교를 널리 알리다	원효 불교 전파	【사회 5-2】 1. 옛사람들의 삶과 문화 ① 나라의 등장과 발전	월 일
03	**대조영,** 옛 고구려의 땅에 발해를 세우다	대조영 발해 해동성국	【사회 5-2】 1. 옛사람들의 삶과 문화 ① 나라의 등장과 발전	월 일
04	불국사와 석굴암을 지어 부모를 기린 **김대성**	김대성 불국사 석굴암	【사회 5-2】 1. 옛사람들의 삶과 문화 ① 나라의 등장과 발전	월 일
05	불어난 강물 덕분에 왕이 된 **원성왕**	원성왕 (김경신) 김주원	【사회 5-2】 1. 옛사람들의 삶과 문화 ① 나라의 등장과 발전	월 일
역사 놀이터	**가로세로 키워드 찾기!**			

신문왕, 신비한 피리로 나라를 다스리다

신문왕이 가진 피리는 신비한 능력을 지녔다면서? 나도 가지고 싶어!

삼국을 통일한 신라의 문무왕에게는 한 가지 고민이 있었어. 바로 백성들을 괴롭히는 왜구였지. 문무왕은 죽기 전에 ❶유언을 남겼어.

"내가 죽거든, 동해 바다에서 ❷장례를 지내도록 하라. 나는 죽어서 용이 되어 동해로 쳐들어오는 왜구를 물리치겠다."

문무왕의 아들 신문왕은 아버지가 돌아가시자 그 뜻에 따라 동해 바다 가운데 있는 큰 바위에서 장례를 치렀어. 그리고 아버지가 짓던 절을 완성하고 감은사라고 했지.

그러던 어느 날, 신하가 ❸황급히 달려와 신문왕에게 말했어.

"전하, 동해 바다에서 작은 섬이 감은사를 향해 떠내려오고 있습니다!"

"매우 이상한 일이로구나. 어서 점을 쳐 보도록 하라."

신하는 점을 친 뒤, 신문왕에게 놀라운 이야기를 전했어.

"바다의 큰 용이 되신 문무왕께서 신라를 지킬 보물을 보내 주시려고 합니다. 전하께서 그곳에 가시면 큰 보물을 얻을 수 있을 것입니다."

"그게 정말인가? 당장 바닷가로 가자!"

역사 사전

왜구
우리나라 해안에 침입했던 일본의 해적을 말해.

바닷가에 도착한 신문왕은 작은 섬 위에 있는 대나무를 보았어. 대나무는 신기하게도 낮에는 둘로 나뉘어져 있다가 밤에는 하나로 합쳐졌지.

"이게 어떻게 된 일인가?"

신문왕은 대나무를 직접 보기 위해 배를 타고 섬으로 갔어. 그러자 커다란 용이 신문왕 앞에 나타났지.

"두 손이 부딪쳐야 소리가 나듯이, 이 대나무도 합쳐진 뒤에야

❶ **유언** 죽음에 이르러 남긴 말. ❷ **장례** 죽은 사람을 땅에 묻거나 화장하는 일. 또는 그런 의식. ❸ **황급히** 몹시 급해 마음의 여유 없이.

소리가 납니다. 이 대나무는 용이 되신 문무왕께서 주시는 것이니, 이 것으로 피리를 만들어 불면 ❹천하가 안정될 것입니다."

신비로운 용의 말을 들은 신문왕은 무척 기뻤어.

"여봐라! 당장 이 대나무를 베어 피리를 만들도록 하라!"

신문왕은 신기한 대나무로 피리를 만들어 불었어.

"삘릴리~삘릴리~."

그러자 놀라운 일이 일어났어.

"신라를 공격하러 오던 적이 갑자기 물러나고 있습니다!"

"❺폭풍우가 휘몰아치던 바다가 잠잠해졌습니다!"

이게 끝이 아니야. ❻가뭄이 왔을 때 피리를 불면 비가 오고, 비가 너무 많이 올 때면 비를 멈추게도 했어.

"신기한 피리 덕분에 신라가 ❼태평성대를 이루겠습니다!"

"대단한 피리구나! 이것을 만 개의 파도를 가라앉히는 피리라는 뜻에서 '만파식적'이라 하고, 나라의 귀중한 보물로 삼아 소중히 간직하겠다!"

신문왕은 만파식적으로 신라를 평화롭게 다스릴 수 있었다고 해.

신문왕 만파식적

❹ **천하** 하늘 아래 온 세상. ❺ **폭풍우** 세찬 바람이 불면서 쏟아지는 큰비. ❻ **가뭄** 오랫동안 계속하여 비가 내리지 않아 메마른 날씨. ❼ **태평성대** 임금이 나라를 잘 다스려서 아주 평화로운 시대.

1 중심 내용

이 글을 읽고 다음 문장에 들어갈 알맞은 낱말을 골라 ○표 해 보세요.

신라의 신문왕은 낮에는 둘로 나뉘어져 있다가 밤에는 하나로 합쳐지는 (**대나무** / **소나무**)로 피리를 만들어 신라를 다스렸다.

2 내용 이해

이 글의 문무왕이 다음과 같이 말한다면 그 까닭은 무엇인가요? (　　　　)

나는 죽어서 용이 되겠다.

① 중국으로 날아가기 위해서이다.
② 고구려의 옛 땅을 되찾기 위해서이다.
③ 바다 속의 생물들을 직접 보기 위해서이다.
④ 동해로 쳐들어오는 왜구를 물리치기 위해서이다.

3 내용 적용

이 글의 신문왕과 신하가 나눈 대화에서 빈칸에 들어갈 말을 골라 보세요. (　　　　)

신하: 동해 바다에서 작은 섬이 떠내려오고 있습니다!
신문왕: 어서 점을 쳐 무슨 일인지 알아보아라.
신하: ________________________________

① 신라에 좋지 않은 일이 생길 징조입니다.
② 지난번 홍수에 떠내려갔던 섬이 되돌아온 것입니다.
③ 문무왕께서 신라를 지킬 보물을 보내 주시려고 하는 겁니다.
④ 문무왕께서 나라를 잘 돌보지 못한 임금님께 벌을 내리신 겁니다.

4 내용 이해

이 글의 내용과 일치하면 ○표, 일치하지 않으면 X표 해 보세요.

(1) 신문왕은 문무왕이 짓던 절을 완성하고 감은사라고 했다. (　　　　)
(2) 만파식적을 불면 폭풍우가 휘몰아치고 땅이 흔들렸다. (　　　　)
(3) 신문왕은 만파식적을 신라의 귀중한 보물로 삼아 간직했다. (　　　　)

▶ 정답과 풀이 2쪽

5 빈칸을 채우며, 이 글의 내용을 정리해 보세요.

내용 이해

신비한 피리 ㉠ □□□□	
바다의 용이 된 문무왕이 ㉡ □□□에게 내려 준 보물이다.	
재료	낮에는 둘로 나뉘어져 있다가 밤에는 합쳐지는 대나무로 만들었다.
효과	피리를 불면 천하가 안정되고 나라가 평화로워졌다.

어휘 학습

6 낱말의 알맞은 뜻을 찾아 선으로 이어 보세요.

어휘 복습

(1) 천하 •   • ① 하늘 아래 온 세상.

(2) 가뭄 •   • ② 죽음에 이르러 남긴 말.

(3) 유언 •   • ③ 오랫동안 계속하여 비가 내리지 않아 메마른 날씨.

7 밑줄 친 낱말의 뜻이 다음과 같은 것을 골라 보세요. (　　　)

어휘 적용

임금이 나라를 잘 다스려서 아주 평화로운 시대.

① 선생님은 임기응변으로 위기를 넘겼다.

② 민성이는 소풍갈 날 만을 학수고대했다.

③ 백성들은 제사를 지내며 태평성대를 빌었다.

④ 지은이의 농담에 반 아이들은 모두 박장대소했다.

해골에 고인 물을 마시다니! 정말 끔찍해! 원효는 그 경험으로 어떤 깨달음을 얻었을까?

원효, 백성들에게 불교를 널리 알리다

어둠이 내려앉은 숲속, 두 스님이 세차게 내리는 비를 피해 뛰고 있었어.

"원효 스님, 저기 동굴이 있습니다!"

"오늘 밤은 저 곳에서 머무릅시다!"

신라의 스님인 원효와 의상은 불교를 깊이 공부하기 위해 당나라로 ❶유학을 가던 중 비를 만나 동굴에 머물게 되었어. 그날 밤 원효는 캄캄한 동굴 속에서 한참을 자다가 목이 말라 잠에서 깨고 말았지.

"목이 너무 마르구나. 물이 어디 없을까?"

원효는 어둠 속에서 물을 찾아 바닥을 더듬거리다 바가지에 고인 물을 발견했어. 그리고 기쁜 마음으로 바가지를 들어 물을 벌컥벌컥 들이켰지.

"크, 시원하다! 이렇게 달고 시원한 물은 처음이야."

목마름을 ❷해소한 원효는 다시 깊은 잠에 빠져들었어. 다음 날 아침, 눈을 뜬 원효는 크게 놀라고 말았지. 바닥에 바가지는 온데간데없고 ❸해골만 보이는 거야.

"웩! 내가 마신 물이 해골에 고인 물이었다니!"

원효는 어제 마신 물의 정체를 알게 되자 ❹구역질을 하며 괴로워했어. 그러다가 문득 이런 생각이 들었지.

"어제는 분명 달고 시원했던 물이 지금은 역겹게만 느껴진다. 어제와 오늘 달라진 것은 내 마음밖에 없거늘……. 그래! 모든 것은 내가 마음먹기에 달린 거였어!"

---

❶ **유학** 외국에 머물면서 공부함. ❷ **해소하다** 어려운 일이 문제되는 상태를 해결하다. ❸ **해골** 죽은 사람의 머리뼈.
❹ **구역질** 속이 메스꺼워 자꾸 토하려고 하는 짓.

원효는 세상의 모든 것이 자신의 마음에 달려 있다는 깨달음을 얻었어. 그리고 유학을 포기하고 신라의 백성들이 있는 곳으로 향했지. 자신이 깨달은 바를 백성들에게 알려 주고 싶었던 거야.

당시 불교는 ⑤귀족들이 주로 믿는 종교였어. 글을 읽을 수 없었던 백성들에게 불교는 머나먼 이야기에 불과했지.

"불교는 귀족만 믿을 수 있는 것 아니야?"

"부처님의 가르침을 따르려면 ⑥경전을 읽어야 하는데, 나는 글을 몰라."

원효는 백성들에게 불교를 쉽게 알릴 방법을 고민했어.

"부처님의 말씀을 노래로 만들자! 그러면 백성들도 쉽게 불교를 이해할 수 있을 거야!"

원효는 부처님의 말씀을 노래로 만들었어. 그리고 전국 ⑦방방곡곡을 돌아다니며 노래를 불러 백성들에게 널리 퍼뜨렸지. 그리고 원효는 백성들에게 '나무아미타불'이란 말을 외우게 했어.

"나무아미타불을 외우며 자신의 마음을 닦으면 누구든 부처님의 세상에서 다시 태어날 수 있습니다."

"그렇게 쉽단 말입니까? 앞으로 나무아미타불을 외치겠습니다. 나무아미타불! 나무아미타불!"

원효의 가르침 덕분에 신라의 백성들에게 불교가 널리 ⑧전파되었어. 이후 많은 백성들이 불교를 믿게 되었지.

역사 사전

나무아미타불
나무아미타불은 아미타 부처님께 의지한다는 뜻이야. 원효는 백성들에게 나무아미타불을 외우면 부처님의 세상으로 갈 수 있다고 했어.

원효 불교 전파

⑤ **귀족** 신분이 높아 사회적으로 특별한 권리를 가진 사람. ⑥ **경전** 종교의 원리나 진리를 적은 책. ⑦ **방방곡곡** 한 군데도 빠짐없는 모든 곳. ⑧ **전파되다** 전해져 널리 퍼뜨려지다.

독해 학습

1 중심 내용

이 글을 읽고 빈칸에 들어갈 알맞은 낱말을 골라 보세요. (　　　)

원효는 부처님의 말씀을 노래로 만들어 백성들에게 ____________를 널리 알렸다.

① 유교　② 불교　③ 이슬람교　④ 천주교

2 내용 이해

이 글의 원효가 다음과 같이 말한다면 그 까닭은 무엇인가요? (　　　)

당나라 유학을 포기하겠다!

① 한문을 공부할 자신이 없었기 때문이다.
② 당나라로 가는 길이 매우 험했기 때문이다.
③ 신라에서 높은 벼슬을 받아 관리가 되기 위해서이다.
④ 모든 것이 자신의 마음에 달려 있다는 깨달음을 얻었기 때문이다.

3 내용 이해

이 글의 백성들이 불교에 다가가지 못했던 까닭으로 알맞은 것을 모두 색칠해 보세요.

㉠ 신라에는 스님이 없었기 때문이다.

㉡ 글을 몰라 경전을 읽지 못했기 때문이다.

㉢ 귀족만 불교를 믿을 수 있다고 생각했기 때문이다.

4 인물 이해

이 글의 원효가 한 일로 알맞은 것을 모두 선으로 이어 보세요.

㉠ 해골에 고인 물을 마셨다.
㉡ 당나라에 유학을 가 공부를 했다.
㉢ 부처님의 말씀을 노래로 만들었다.
㉣ 부처님의 말씀을 동화책으로 만들었다.

▶ 정답과 풀이 2쪽

5 핵심 정리

빈칸을 채우며, 이 글의 내용을 정리해 보세요.

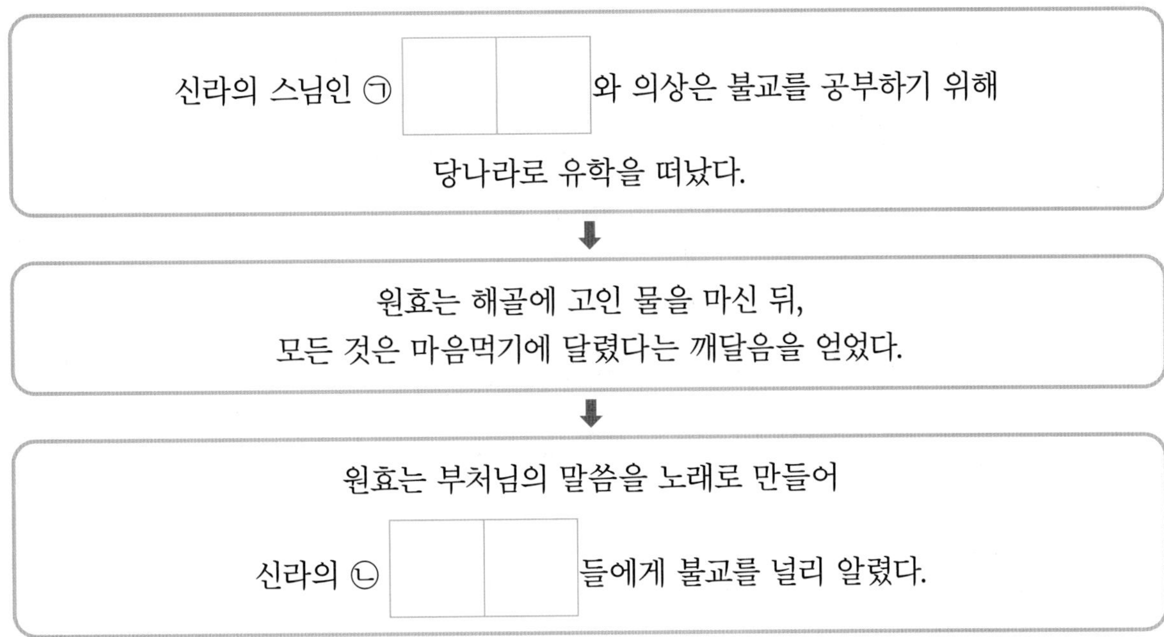

신라의 스님인 ㉠ 와 의상은 불교를 공부하기 위해
당나라로 유학을 떠났다.
원효는 해골에 고인 물을 마신 뒤,
모든 것은 마음먹기에 달렸다는 깨달음을 얻었다.
원효는 부처님의 말씀을 노래로 만들어
신라의 ㉡ 들에게 불교를 널리 알렸다.

어휘 학습

6 어휘 복습

뜻풀이에 알맞은 낱말을 골라 ○표 해 보세요.

(1) 외국에서 머물면서 공부함. .... (**수학 / 유학**)

(2) 종교의 원리나 진리를 적은 책. .... (**경전 / 사전**)

(3) 신분이 높아 사회적으로 특별한 권리를 가진 사람. .... (**귀족 / 노비**)

7 어휘 적용

보기에서 알맞은 낱말을 찾아 밑줄 친 말을 바꾸어 써 보세요.

보기	방방곡곡	유학	전파	해골

(1) 아버지는 우리나라의 한군데도 빠짐없는 모든 곳을 누비고 다녔다.

➡ 아버지는 우리나라의 (   )을 누비고 다녔다.

(2) 이 불상은 삼국의 문화가 일본에 전해져 널리 퍼졌음을 알려주는 유물이다.

➡ 이 불상은 삼국의 문화가 일본에 (   )되었음을 알려주는 유물이다.

03 대조영, 옛 고구려의 땅에 발해를 세우다

고구려의 유민들이 새 나라를 세웠다고? 대조영이 세운 새 나라의 이름은 무엇이었을까?

고구려가 무너진 뒤, 당나라는 고구려 ❶유민들을 자신들의 땅에 강제로 끌고 갔어. 끌려간 고구려의 유민들은 당나라의 땅에서 거란족, 말갈족 등 다른 ❷민족과 어우러져 살았지.

당나라는 고구려의 유민들을 못살게 굴었어. 그러자 유민들은 자신들이 의지하던 대조영을 찾아가 불만을 이야기했지.

"대조영 님! 당나라가 세금을 너무 많이 거둬 도저히 살 수가 없습니다!"

대조영은 유민들의 말에 고개를 끄덕이더니 조용하게 말했어.

"힘을 키우고 있다가 기회를 엿봐 당나라에서 탈출합시다!"

그러던 어느 날, 당나라의 ❸횡포를 견디지 못한 거란족이 반란을 일으켰어. 대조영은 지금이 당나라를 탈출할 좋은 기회라고 생각했지.

"고구려 유민들이여, 당나라가 거란족과 싸우느라 정신없는 동안에 동쪽으로 탈출해 새로운 나라를 세웁시다!"

"우리 말갈족도 고구려 유민들과 함께하겠소!"

대조영은 걸사비우와 함께 고구려 유민과 말갈족을 이끌고 당나라를 탈출해 동쪽으로 이동했어. 뒤늦게 이 사실을 눈치챈 당나라는 군대를 보내 대조영과 무리들을 뒤쫓았지.

"이대로라면 당나라군에게 사로잡히는 것은 시간문제입니다."

"대조영, 내가 당나라군을 막겠소. 그동안 최대한 멀리 도망가시오!"

걸사비우는 최선을 다해 당나라군과 맞서 싸웠어. 하지만 그는 죽음을 맞이하고 말았지. 걸사비우를 잃은 슬픔도 잠시, 대조영은 고구려 유민과 말갈족 무리를 이끌고 당나라군의 ❹추격을 피해 계속해서 도망갔어.

역사 사전

거란족과 말갈족
거란족과 말갈족은 중국 동북부에 살던 민족이야. 이들은 당나라의 지배를 받으며 고구려 유민들과 어우러져 살았어.

❶ **유민** 망해 없어진 나라의 백성. ❷ **민족** 오랫동안 함께 살아와 말, 역사, 문화 등이 같은 사람의 무리. ❸ **횡포** 제멋대로 굴며 몹시 난폭함. ❹ **추격** 뒤쫓아 가며 공격함.

"대조영 님, 당나라군이 우리의 ⑤텃밑까지 쫓아왔습니다!"

"언제까지 도망치기만 할 수 없소. 이곳 천문령 골짜기에서 당나라의 추격을 물리칩시다!"

대조영은 골짜기에 고구려 유민과 말갈족을 숨겨 두고는 당나라군이 오기만을 기다렸지. 마침내 당나라군이 천문령의 깊은 골짜기에 들어섰어.

"지금이다! 공격하라!"

"으악! 골짜기에 군사들이 숨어 있었다니! 우리가 ⑥방심했구나!"

대조영은 험한 지형을 이용해 당나라군을 크게 물리쳤어. 이제 더 이상 대조영의 뒤를 쫓는 당나라군은 없었지. 마침내 대조영과 무리들은 고구려의 옛 땅인 동모산에 도착했어.

역사 사전

동모산

오늘날 중국 지린성 둔화시 부근에 위치한 곳이야. 동모산은 큰 산들이 둘러싸여 있어 적을 막기에 좋은 곳이었어.

동모산
천문령

"드디어 옛 고구려 땅에 돌아왔습니다. 이곳에 ⑦터를 잡고 새 나라를 세웁시다!"

"만세! 대조영 님 만세!"

대조영이 세운 나라의 이름은 ☆발해야. 발해는 훗날 바다 동쪽의 ⑧번성한 나라라는 뜻의 '☆해동성국'이라 불리며 옛 고구려의 영광을 되찾았어.

여기 동모산에
고구려를 이은
나라를 세우겠다!
와아~
와~

☆대조영 ☆발해 ☆해동성국

⑤ **텃밑** 아주 가까운 곳을 비유적으로 이르는 말. ⑥ **방심하다** 마음을 다잡지 않고 풀어 놓아 버리다. ⑦ **터** 집이나 건물을 지었거나 지을 자리. ⑧ **번성하다** 한창 왕성하게 일어나 퍼지다.

독해 학습

1 중심 내용

이 글을 읽고 알맞은 선을 그어 중심 문장을 완성해 보세요.

대조영이

㉠ 당나라에서 탈출해

㉡ 수나라에서 탈출해

㉢ 백제를 세웠다.

㉣ 발해를 세웠다.

2 내용 이해

이 글의 내용과 일치하지 않는 것은 무엇인가요? (   )

① 당나라는 고구려 유민들에게 잘 대해 주었다.

② 대조영은 말갈족과 함께 당나라 땅을 탈출했다.

③ 고구려가 무너진 뒤, 고구려 유민들은 당나라로 끌려갔다.

④ 거란족은 당나라의 횡포를 견디지 못하고 반란을 일으켰다.

3 인물 이해

대조영의 인물 관계도예요. 이 글을 읽고 빈칸에 알맞은 이름을 써 보세요.

말갈족도 우리 고구려 유민과 함께 당나라에서 탈출합시다!

대조영

힘을 합침.

좋소. 내가 당나라군을 막는 동안, 최대한 멀리 도망가시오!

[   ]

4 내용 적용

이 글을 읽고 대본을 썼어요. 빈칸에 들어갈 대사로 알맞은 것은 무엇인가요? (   )

 # 천문령

대조영: 언제까지 도망칠 수 없소. 천문령에서 당나라의 추격을 물리칩시다!

고구려 유민: 어떻게 말입니까?

대조영: ______________________

① 당나라에 항복하겠소.

② 신라의 도움을 받아 싸울 것이오.

③ 험한 지형을 이용해 물리칠 것이오.

④ 을지문덕의 도움을 받아 공격합시다!

5 빈칸을 채우며, 이 글의 내용을 정리해 보세요.

핵심 정리

고구려가 무너진 뒤, 고구려 유민들이 당나라로 끌려가 어려운 생활을 했다.

⬇

㉠ [ ][ ][ ]은 고구려 유민, 말갈족을 이끌고 당나라의 힘이 미치지 않는 동쪽으로 이동했다.

⬇

동모산에 터를 잡고 ㉡ [ ][ ]를 세웠다. 이 나라는 훗날 '해동성국'이라 불리며 크게 발전했다.

6 낱말의 알맞은 뜻을 찾아 선으로 이어 보세요.

어휘 복습

(1) 터 •　　　　• ① 망해 없어진 나라의 백성.

(2) 유민 •　　　　• ② 한창 왕성하게 일어나 퍼지다.

(3) 번성하다 •　　　　• ③ 집이나 건물을 지었거나 지을 자리.

7 빈칸에 들어갈 알맞은 낱말을 보기 에서 찾아 문장을 완성해 보세요.

어휘 적용

보기	민족	방심	텃밑	횡포

(1) 6·25 전쟁은 우리 ________________에게 크나큰 상처를 남겼다.
　　└→ 오랫동안 함께 살아와 말, 역사, 문화 등이 같은 사람의 무리.

(2) 관리들의 ________________에 견디다 못한 백성들이 반란을 일으켰다.
　　└→ 제멋대로 굴며 몹시 난폭함.

불국사와 석굴암을 지어 부모를 기린 김대성

불국사와 석굴암은 정말 아름다운 절이야. 누가 불국사와 석굴암을 지었을까?

신라의 수도 경주에는 불국사와 석굴암이란 절이 있어. 두 절에는 김대성과 관련해 재미있는 이야기가 전해져.

경주 모량리에 대성이라는 남자가 살았어. 대성은 매우 가난해 부잣집에서 나눠 준 조그마한 땅에서 농사짓고 살았지. 그러던 어느 날, 대성은 한 스님의 이야기를 들었어.

"부처님께 하나를 바치면 만 배의 이익을 얻고, 오래 살 수 있습니다."

스님의 이야기를 들은 대성은 깨달은 바가 있어 어머니에게 달려갔어.

"어머니, 우리가 가난한 것은 ❶전생에 착한 일을 하지 않았기 때문입니다. 우리의 땅을 부처님께 바쳐 다음 생에서 ❷복을 받는 게 어떻겠습니까?"

"그래. 부처님께 땅을 모두 드리도록 하자."

대성과 어머니는 부처님께 자신들의 전 재산인 땅을 바쳤어. 그런데 얼마 지나지 않아 대성이 죽어 버렸지.

한편 대성이 죽던 날, 신라의 ❸재상이었던 김문량의 집 하늘에서 이상한 소리가 들려왔어.

"모량리의 대성이 이 집에서 태어날 것이다!"

김문량은 깜짝 놀라 하늘이 전한 말을 조사해 보았어. 그랬더니 정말 하늘에서 큰 소리가 들리던 날 모량리에 살던 대성이 죽었다는 거야. 그리고 김문량은 그날 부인이 임신한 것을 알게 되었어.

몇 달 뒤, 김문량의 부인은 아들을 낳았어. 아이는 왼손에 '대성'이라고 쓰인 금 쪽지를 쥐고 있었지.

"대성이라니! 모량리의 대성이 다시 태어난 것이 분명하구나!"

---

❶ **전생** 이 세상에 태어나기 이전의 삶. ❷ **복** 행운과 행복. ❸ **재상** 왕을 도와 관리들을 지휘하고 감독하던 벼슬.

공부한 날 월 일

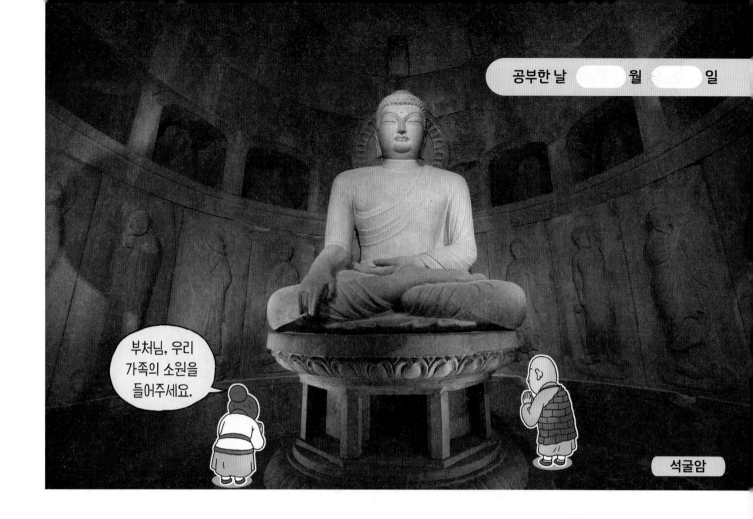

부처님, 우리 가족의 소원을 들어주세요.

석굴암

부부는 기뻐하며 모량리에 살고 있던 대성의 어머니를 데려와 살았어.

훗날 김대성은 신라의 높은 [4]관리인 재상이 되었어.

"전생과 이번 생에서 저를 낳고 길러 주신 부모님을 위해 절을 짓겠습니다."

김대성은 평생을 바쳐 이번 생의 부모님을 위해서 불국사를 다시 짓고, 전생의 부모님을 위해서 석굴암을 지었어.

불국사의 '불국'은 부처님의 나라라는 뜻이야. 신라 사람들은 부처님의 나라를 만들려는 마음을 담아 불국사를 지었지. 석굴암은 돌을 쌓아 굴처럼 만들었어. 내부에는 부처님과 함께 불교의 여러 신이 조각되어 있지.

우리는 불국사와 석굴암을 통해 신라의 뛰어난 [5]건축 기술과 [6]예술성을 엿볼 수 있어.

역사 사전

석굴암
석굴암에 가면 길이 2.72m의 거대한 크기의 부처님인 본존불을 볼 수 있어. 본존불은 연꽃 모양의 자리 위에 앉아 있지. 본존불의 뒤에는 11가지의 얼굴을 가지고 있다는 십일면 관음보살상과 부처님의 10대 제자들이 새겨져 있어.

김대성 불국사 석굴암

❹ **관리** 나랏일을 맡아보는 사람. ❺ **건축** 건물이나 다리 등 구조물을 만드는 일. ❻ **예술성** 작품이 지닌 예술적인 가치.

1 중심 내용

이 글을 읽고 초성을 참고해 다음 문장의 빈칸을 채워 보세요.

신라의 재상이었던 ㉠ [ㄱ | ㄷ | ㅅ] 은 이번 생의 부모님을 위해 불국사를 다시 짓고, 전생의 부모님을 위해 ㉡ [ㅅ | ㄱ | ㅇ] 을 지었다.

2 내용 이해

이 글의 내용과 일치하면 O표, 일치하지 않으면 X표 해 보세요.

(1) 모량리에 살던 대성은 큰 부자였다. (　　)

(2) 모량리의 대성은 부처님께 자신이 가진 모든 땅을 바쳤다. (　　)

(3) 대성이 죽던 날, 김문량의 집 하늘에서 "모량리의 대성이 이 집에서 태어날 것이다!"라는 소리가 들렸다. (　　)

3 자료 해석

다음 문화 유적의 이름에 담긴 뜻으로 알맞은 것을 선으로 이어 보세요.

▲불국사

• ㉠ 부처님의 나라.

• ㉡ 고조선을 이은 나라.

4 자료 해석

다음 문화 유적의 이름을 빈칸에 알맞게 써 보세요.

[　　　　　]

돌을 쌓아 굴처럼 만든 절로 내부에는 부처님인 본존불과 함께 조각상이 새겨져 있다. 이 절은 김대성이 전생의 부모님을 위해 지었다고 전해진다.

▶ 정답과 풀이 3쪽

5 핵심 정리

빈칸을 채우며, 이 글의 내용을 정리해 보세요.

김대성이 세운 절

불국사	석굴암
• 김대성이 ㉠ [ ][ ] [ ] 의 부모님을 위해 다시 지었다. • 이름에 '부처님의 나라'라는 뜻을 담았다.	• 김대성이 ㉡ [ ][ ] 의 부모님을 위해 지었다. • 돌을 쌓아 굴처럼 만들었다.

6 어휘 복습

낱말의 알맞은 뜻을 찾아 선으로 이어 보세요.

(1) 재상 •　　• ① 작품이 지닌 예술적인 가치.

(2) 전생 •　　• ② 이 세상에 태어나기 이전의 삶.

(3) 예술성 •　　• ③ 왕을 도와 관리들을 지휘하고 감독하던 벼슬.

7 어휘 적용

밑줄 친 낱말의 알맞은 뜻을 골라 번호를 써 보세요.

관리	① 나랏일을 맡아보는 사람. 예 과거 제도는 **관리**를 뽑아 쓰기 위한 제도다. ② 시설이나 물건을 맡아 살피고 꾸림. 예 태풍을 대비해 주요 시설을 철저하게 **관리**할 것을 명했다.

(1) 문화유산을 관리하는 데는 소홀함이 없어야 한다. (　　　)

(2) 탐관오리는 백성들의 재물을 탐내어 빼앗는 관리를 말한다. (　　　)

김경신은 김주원을 밀어내고 왕이 되었어! 도대체 무슨 일이 있었던 걸까?

불어난 강물 덕분에 왕이 된 원성왕

신라가 삼국을 통일한 뒤, 나라의 평화는 오래가지 않았어. 신라의 귀족들이 ❶권력을 차지하기 위해 힘을 겨루기 시작했거든. 심지어 귀족들은 반란을 일으켜 왕을 죽이기까지 했어.

"반란이다! 저 놈을 잡아라!"

이때 ❷왕족 가운데 한 명인 ☆김경신은 앞장서서 귀족들의 반란을 막아내어 높은 벼슬에 오르게 되었어. 그러던 어느 날 김경신은 이상한 꿈을 꾸었어. 김경신은 ❸꿈풀이해 주는 사람을 불러 자신이 꾼 꿈에 대해 물어보았지.

"내가 ❹관모를 벗고 갓을 쓰고는 우물 속으로 들어가는 꿈을 꾸었다. 이 꿈은 무슨 뜻인가?"

"관모를 벗는 것은 벼슬을 잃는다는 뜻이고, 우물 속으로 들어간 것은 감옥에 갇힌다는 뜻입니다."

김경신은 기분 나쁜 꿈풀이를 듣고는 집 밖을 나가지도 않고 사람들을 만나지도 않았어. 그러자 또 다른 사람이 김경신을 찾아와 말했지.

"나리, 그것은 좋은 꿈입니다. 관모를 벗고 갓을 쓰는 것은 임금님이 쓰는 모자를 쓸 징조이며, 우물로 들어간 것은 궁궐로 들어간다는 뜻입니다."

이전과는 다른 정반대의 꿈풀이에 김경신은 혼란스러웠어.

"왕의 다음 가는 지위를 ☆김주원이 차지하고 있는데 어찌 내가 왕의 자리에 오른단 말이오?"

---

❶ **권력** 남을 자신의 뜻대로 움직일 수 있는 힘. ❷ **왕족** 임금의 가족. ❸ **꿈풀이** 꿈에서 겪은 일의 좋고 나쁨을 판단함. ❹ **관모** 관리가 쓰는 모자.

"몰래 강의 신에게 ❺제사를 지내십시오. 좋은 일이 생길 겁니다."

김경신은 이 말을 들어 강의 신에게 제사를 지냈지.

얼마 뒤 왕이 아들 없이 세상을 떠나고 말았어. 신하들은 김주원을 왕으로 맞이하자고 했지. 김주원은 이 소식을 듣고 궁궐로 출발했지만 큰 문제가 생겼어.

"큰일이다! 비 때문에 강물이 ❻불어나 건널 수가 없다니!"

김주원의 집은 강의 북쪽에 있었는데, 갑작스러운 비에 강물이 불어나 궁궐로 들어올 수 없었던 거야. 이 소식을 알게 된 김경신은 재빨리 궁궐 안으로 들어가 무서운 목소리로 신하들에게 말했어.

"김주원이 궁궐로 들어오지 못한 것은 하늘과 땅이 그가 왕이 되는 것을 반대하기 때문이 아니겠는가! 신라의 다음 왕은 내가 되어야 하네!"

이 모습을 본 신하들은 김경신을 왕으로 ❼떠받들었는데, 그가 바로 신라의 38번째 왕인 ☆원성왕이야.

☆원성왕(김경신) ☆김주원

❺ **제사** 신이나 조상에게 정성을 나타내는 의식. ❻ **불어나다** 크기나 수량이 늘어나다. ❼ **떠받들다** 섬기거나 잘 위하다.

1 중심 내용

이 글의 중심 내용으로 알맞은 것은 무엇인가요? (　　　)

① 강의 신에게 제사를 지낸 김경신
② 반란을 일으켜 왕을 죽인 신라의 귀족
③ 김주원을 제치고 신라의 왕이 된 김경신
④ 이상한 꿈을 꾼 뒤 집 밖으로 나가지 않은 김경신

2 내용 이해

이 글의 내용과 일치하면 O표, 일치하지 않으면 X표 해 보세요.

(1) 김경신은 귀족들의 반란을 앞장서서 막아 내었다. (　　　)
(2) 김경신은 이상한 꿈을 꾼 뒤 몰래 동물의 신에게 제사를 지냈다. (　　　)
(3) 김경신은 김주원 대신 왕의 자리에 올라 신라의 38번째 왕이 되었다. (　　　)

3 추론

이 글을 읽고 빈칸에 들어갈 장면으로 알맞은 것을 골라 보세요. (　　　)

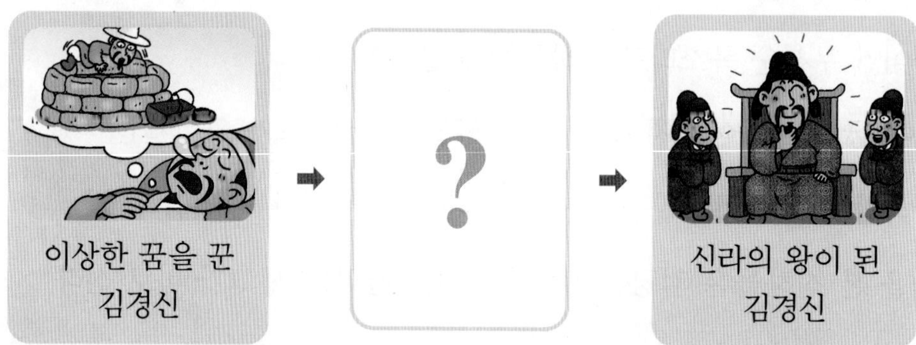

① 군사를 보내 김주원을 없앤 김경신
② 강의 신에게 제사를 지내는 김경신
③ 반란을 일으켜 신라의 왕을 죽인 김경신
④ 불교를 배우러 당나라로 간 김경신

4 내용 적용

다음 기자의 질문에 대한 김주원의 대답으로 알맞은 것은 무엇인가요? (　　　)

김주원 님, 왜 제때 궁궐에 도착하지 못했나요?

① 김경신이 저를 집에 가뒀어요!
② 왕위를 양보하기로 마음먹었거든요.
③ 비로 강물이 불어나 건너질 못했습니다!
④ 신라의 동물들이 저를 공격했어요!

▶ 정답과 풀이 4쪽

5 핵심 정리

빈칸을 채우며, 이 글의 내용을 정리해 보세요.

보기	김대성	김주원	원성왕	진흥왕

신라의 왕족이었던 김경신은 왕이 죽자, 강물이 불어나 궁궐에 도착하지 못한 ㉠ ________________을 밀어내고 신라의 38번째 왕인 ㉡ ________________이 되었다.

어휘 학습

6 어휘 복습

뜻풀이에 알맞은 낱말을 골라 ○표 해 보세요.

(1) 임금의 가족. .... (**귀족** / **왕족**)

(2) 관리가 쓰는 모자. .... (**관모** / **관복**)

(3) 꿈에서 겪은 일의 좋고 나쁨을 판단함. .... (**꿈풀이** / **잠꼬대**)

(4) 남을 자신의 뜻대로 움직일 수 있는 힘. .... (**권력** / **체력**)

7 어휘 적용

밑줄 친 낱말이 잘못 쓰인 문장을 골라 보세요. (　　　　)

① 귀족들은 노비를 무시하며 떠받들었다.

② 민수는 회장이 되어 강력한 권력을 쥐었다.

③ 오늘은 돌아가신 할아버지의 제사가 있는 날이다.

④ 신라 왕족의 무덤에서 금으로 장식된 유물이 나왔다.

가로세로 키워드 찾기!

▶ 정답 17쪽

아래에 있는 가로세로 열쇠 힌트를 읽고, 알맞은 키워드를 넣어 가로세로 역사 퍼즐을 완성해 보세요.

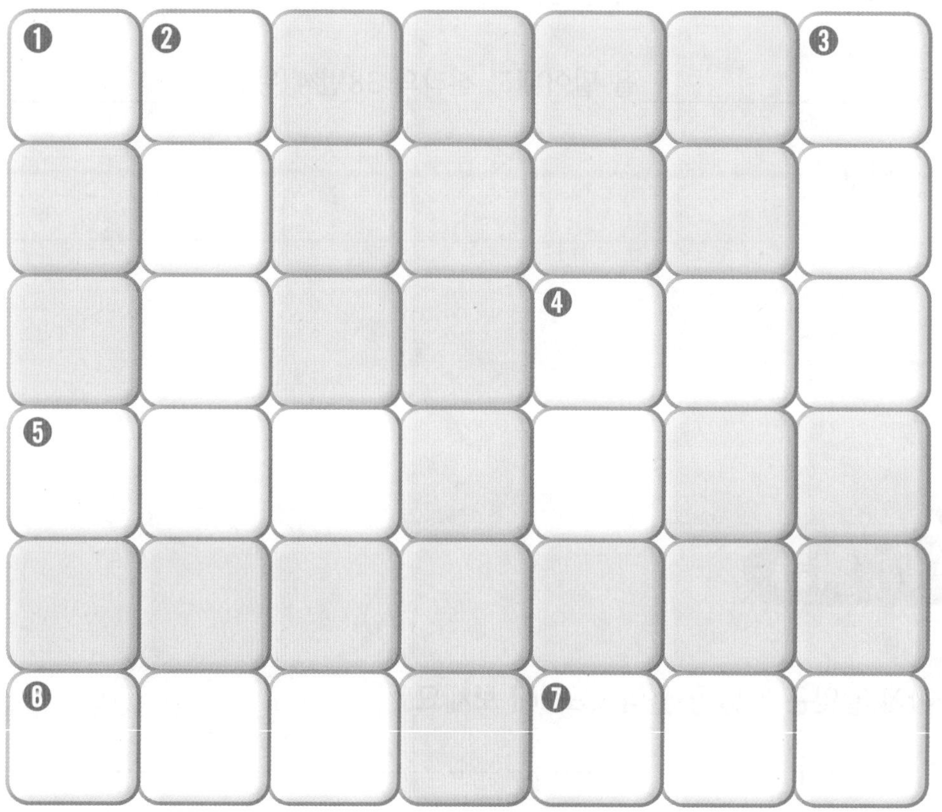

가로 열쇠

❶ 대조영이 옛 고구려의 땅에 세운 나라야.
❹ 신라의 38번째 왕으로, 김주원을 제치고 왕위에 올랐어.
❺ 김대성이 이번 생의 부모님을 위해 다시 세운 절로, 부처님의 나라라는 뜻을 가졌어.
❻ 김대성이 전생의 부모님을 위해 세운 절이야. 돌을 쌓아 굴처럼 만들었지.
❼ 고구려가 무너지자 고구려 유민들을 강제로 자신들의 땅에 끌고 간 나라야.

세로 열쇠

❷ 발해는 바다 동쪽의 번성한 나라라는 뜻의 ○○○○으로 불렸어.
❸ 문무왕의 아들로, 신비한 피리인 만파식적으로 신라를 평화롭게 다스린 왕이야.
❹ 해골에 고인 물을 마시고 깨달음을 얻은 신라의 스님으로 백성들에게 불교를 쉽게 알려 주었어.

귀족들의 권력 다툼으로 신라 사회가 큰 혼란에 빠졌어.
지방에서는 이 틈을 타 새로운 세력이 성장하기도 했지.
흔들리는 신라로 떠나 볼까?

828년 청해진 설치

894년 최치원, 시무 10조 건의

900년 후백제 건국

회차	학습 내용	핵심 키워드	교과 연계	학습 계획일
06	**처용**, 슬픔을 춤으로 표현하다	✰ 처용	【사회 5-2】 1. 옛사람들의 삶과 문화 ① 나라의 등장과 발전	월 일
07	**장보고**, 청해진에서 무역을 주름잡다!	✰ 장보고 ✰ 청해진	【사회 5-2】 1. 옛사람들의 삶과 문화 ① 나라의 등장과 발전	월 일
08	**경문왕**의 귀는 당나귀 귀	✰ 경문왕 ✰ 당나귀 귀	【사회 5-2】 1. 옛사람들의 삶과 문화 ① 나라의 등장과 발전	월 일
09	뜻을 이루지 못한 천재 **최치원**	✰ 최치원 ✰ 6두품	【사회 5-2】 1. 옛사람들의 삶과 문화 ① 나라의 등장과 발전	월 일
10	**견훤**, 백제의 영광을 다시 한번!	✰ 견훤 ✰ 후백제	【사회 5-2】 1. 옛사람들의 삶과 문화 ② 독창적 문화를 발전시킨 고려	월 일
역사 놀이터	키워드로 비밀 숫자 찾기!			

06

처용, 슬픔을 춤으로 표현하다

난 슬프면
눈물을 흘리는데,
처용은 노래를
부르며 춤을 추었네?
귀신도 놀랐을 것 같아!

신라의 헌강왕은 바다를 산책하다가 동해 ❶용왕의 아들인 ✡처용을 만났어.

"용왕의 아들인 그대가 신라에 머물러 준다면 더없이 기쁠 것이오."

"좋습니다. 신라에 머무르겠습니다."

헌강왕은 처용에게 ❷벼슬을 주고 아름다운 여인과 결혼도 시켜 주었어. 처용은 아내와 함께 행복하게 살았지.

하지만 처용의 행복도 잠시, 그의 아내를 ❸탐내는 사람이 나타났어. 하루는 처용이 일을 마치고 집에 돌아왔는데, 아내가 다른 사람과 같이 있는 것을 보았지. 그 모습을 본 처용은 매우 화가 나고 슬펐지만 꾹 참고 자신이 본 상황을 노래로 부르며 춤을 추었어.

"밝은 달에 밤길을 거닐다 집으로 들어오니 다리가 넷이네. 둘은 아내의 것인데 둘은 누구의 것일까. 본래 내 것이지만 빼앗긴 것을 어찌하리."

❶ **용왕** 바다에 살며 비와 물을 다스리는 용의 왕. ❷ **벼슬** 나랏일을 맡아 다스리는 자리. ❸ **탐내다** 가지고 싶어 하다.

처용이 ❹구슬픈 표정으로 노래를 부르고 춤을 추며 물러났어. 그러자 갑자기 아내와 함께 있던 남자가 처용에게 다가와 무릎을 꿇었지.

"처용 님, 사실 저는 ❺역병을 옮기는 귀신입니다. 제 잘못에도 화를 내지 않으시니 오히려 부끄럽습니다. 앞으로는 당신의 얼굴 그림만 봐도 그 집에는 들어가지 않겠습니다."

무시무시한 귀신은 처용 앞에 무릎을 꿇고 ❻반성하더니, 휙 하고 사라져 버렸어. 사람들은 역병을 옮기는 귀신이 처용에게 한 말을 전해 듣고는 깜짝 놀랐어.

"역병 귀신이 처용의 얼굴 그림이 붙어 있는 집에는 ❼얼씬도 안 하겠다고 했다더군!"

"그럼 처용 그림이 나쁜 일을 막아 주겠네?"

"당장 우리 집에도 붙여야겠어!"

이후 신라에서는 역병이나 나쁜 일이 집에 들어오지 못하게 처용의 얼굴을 그림으로 그려 문 앞에 붙였다고 해.

처용

❹ **구슬프다** 아주 쓸쓸하고 슬프다. ❺ **역병** 증상이 갑자기 나타나 빠르게 진행되는 집단적 전염병. ❻ **반성하다** 스스로 잘못한 점이나 부족한 점을 돌이켜 보다. ❼ **얼씬** 조금 큰 것이 눈앞에 잠깐 나타났다 없어지는 모양.

독해 학습

1 중심 내용

이 글을 읽고 빈칸에 들어갈 알맞은 낱말을 골라 보세요. (   )

처용은 아내가 ____________을 옮기는 귀신과 같이 있는 것을 보고 화를 내는 대신 노래를 부르며 춤을 추었다.

① 꾀병 ② 약병 ③ 역병 ④ 의병

2 내용 적용

이 글을 영화로 만들었어요. 영화의 장면을 순서대로 나열해 보세요.

㉠ 헌강왕 덕분에 아름다운 여인과 결혼한 처용.

㉡ 처용 앞에 나타나 무릎을 꿇고 반성한 귀신.

㉢ 자신이 본 상황을 노래로 부르며 춤을 춘 처용.

㉣ 아내가 다른 사람과 함께 집에 있는 것을 본 처용.

(㉠) ➡ (   ) ➡ (   ) ➡ (   )

3 내용 이해

이 글의 신라 백성이 다음과 같이 말한다면 그 까닭은 무엇인가요? (   )

처용의 얼굴 그림을 우리집 문 앞에 붙여야겠어!

① 처용이 농사가 잘되도록 도와줬기 때문이다.
② 처용의 얼굴을 보면 모든 사람들의 기분이 좋아지기 때문이다.
③ 헌강왕이 처용의 얼굴 그림을 문에 붙이라고 명령했기 때문이다.
④ 역병 귀신이 처용의 얼굴 그림이 붙은 집에는 들어가지 않겠다고 했기 때문이다.

4 빈칸을 채우며, 이 글의 내용을 정리해 보세요.

핵심 정리

㉠ [|] 은 역병을 옮기는 귀신이 아내와 있는 것을 보고 노래를 부르며 춤을 추었다. 그러자 귀신은 자신의 행동을 반성하며 그의 ㉡ [|] 그림만 봐도 그 집에 들어가지 않겠다고 약속했다.

어휘 학습

5 낱말의 알맞은 뜻을 찾아 선으로 이어 보세요.

어휘 복습

(1) 역병 •
(2) 용왕 •
(3) 탐내다 •

• ① 가지고 싶어 하다.
• ② 바다에 살며 비와 물을 다스리는 용의 왕.
• ③ 증상이 갑자기 나타나 빠르게 진행되는 집단적 전염병.

6 밑줄 친 낱말의 뜻이 다음과 같은 것을 골라 보세요. (   )

어휘 적용

나랏일을 맡아 다스리는 자리.

① 장군은 자신의 권력을 함부로 휘둘렀다.
② 온달은 전쟁에서 공을 세워 높은 벼슬에 올랐다.
③ 고구려의 유민들은 동모산에 새로운 나라를 세웠다.
④ 신라의 왕족이었던 김춘추는 진덕 여왕의 뒤를 이어 왕이 되었다.

07

장보고, 청해진에서 무역을 주름잡다!

나도 장보고처럼 용맹한 사람이 되고 싶어! 장보고는 해적을 물리치기 위해 무엇을 세웠을까?

장보고는 어려서부터 활쏘기며 말타기, 수영까지 못하는 게 없을 정도로 재주가 많았어. 하지만 ❶신분이 낮아 신라에서는 높은 ❷관직에 오를 수 없었지. 그래서 장보고는 당나라로 가 장군이 되어 자신의 능력을 펼쳤어.

그러던 어느 날, 장보고는 당나라에서 아주 이상한 모습을 보았어.

"신라에서 잡아 온 아이들을 싸게 팔아요. 할 수 있는 일이 아주 많아 노비로 부리기 좋답니다!"

❸해적들이 신라 사람들을 잡아와 노비로 팔고 있는 거야. 이 모습을 본 장보고는 크게 화가 났지.

'백성들이 외국으로 끌려와 노비가 되는 지경에 처했는데 신라의 왕과 귀족들은 무엇을 하고 있는 것인가!'

장보고는 곧장 짐을 싸 신라로 돌아왔어. 그리고 신라의 왕을 만났지.

"전하, 신라의 백성들이 해적에게 잡혀가 노비로 팔리고 있습니다. 청해에 해군 ❹기지를 세우는 것을 허락해 주신다면 그곳에서 해적을 물리치겠습니다!"

"좋다! 앞으로 그대는 바다를 지키도록 하라."

장보고는 청해진을 세우고 열심히 군사들을 훈련시켰어.

"이젠 충분히 해적들과 맞서 싸울 수 있겠어. 군사를 이끌고 신라 백성들을 괴롭히는 해적들을 혼내 주러 가 볼까?"

역사 사전

청해
오늘날 전라남도 완도야. 청해는 중국과 일본으로 건너가는 바닷길의 중요한 지점에 위치해 있어.

❶ **신분** 개인의 사회적 위치나 계급. ❷ **관직** 관리가 나라로부터 받은 업무나 지위. ❸ **해적** 다른 배나 해안가를 공격해 재물을 빼앗는 사람. ❹ **기지** 군대, 탐험대 등의 활동 근거지.

장보고는 군사들을 이끌고 해적들을 공격했어.

"신라의 백성들을 괴롭히는 해적들을 쓸어버려라!"

"윽! 안 되겠다! 모두 도망쳐라!"

장보고가 해적들을 물리치자 바닷길이 안전해졌어. 그러자 장보고는 청해진에서 당나라와 일본을 잇는 ⑤무역을 했지.

"신라의 물건을 사다가 당나라에 팔고, 당나라의 물건을 사다가 신라와 일본에 파니 큰돈을 버는구나."

이렇게 청해진은 신라와 당나라, 일본을 연결하는 ⑥동아시아 최고의 무역 중심지로 크게 번성했어.

이 무렵, 신라에서는 ⑦왕위 다툼이 일어났어. 김우징은 장보고를 찾아와 자신이 왕이 되면 장보고의 딸을 자신의 아들과 결혼시키겠다며 도와달라고 부탁했지. 장보고는 그 말을 믿고 군사를 일으켜 김우징을 왕위에 앉혔어. 하지만 김우징은 얼마 지나지 않아 죽고, 김우징의 아들이 왕위에 올랐지.

"아버지께서 약속하신 대로 장보고의 딸과 결혼하겠네!"

"신분이 낮은 장보고의 딸을 어찌 왕비로 맞이한단 말입니까?"

장보고의 딸은 귀족들의 반대에 부딪혀 왕비가 되지 못했어. 얼마 뒤, 장보고는 귀족들의 명령을 받은 부하에게 배신을 당해 죽고 말았지.

장보고가 ⑧허무하게 죽은 뒤, 청해진도 없어지고 말았어. 안전한 바다에서 끊임없이 무역하던 배들도 차츰 모습을 감추었지.

장보고 청해진

⑤ **무역** 나라와 나라 사이에서 서로 물건을 사고팔거나 교환하는 일. ⑥ **동아시아** 아시아의 동부 지역. 우리나라, 중국, 일본 등이 포함된다. ⑦ **왕위** 임금의 자리. ⑧ **허무하다** 헛되거나 보잘 것 없다.

독해 학습

1 중심 내용

이 글을 읽고 알맞은 선을 그어 중심 문장을 완성해 보세요.

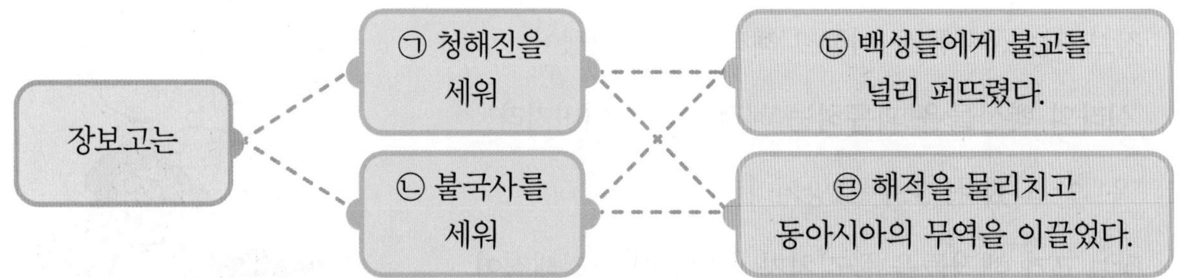
장보고는
㉠ 청해진을 세워
㉡ 불국사를 세워
㉢ 백성들에게 불교를 널리 퍼뜨렸다.
㉣ 해적을 물리치고 동아시아의 무역을 이끌었다.

2 내용 이해

이 글의 내용과 일치하지 않는 것은 무엇인가요? (　　　)

① 김우징의 아들과 장보고의 딸이 결혼했다.
② 장보고는 당나라로 건너가 장군이 되었다.
③ 해적들이 신라 백성들을 잡아다 노비로 팔았다.
④ 장보고는 청해진을 설치하고 군사를 길러 해적들을 물리쳤다.

3 내용 적용

기자의 질문에 대한 장보고의 대답으로 알맞지 않은 것은 무엇인가요? (　　　)

청해진이 세워진 뒤 일어난 변화에 대해 설명해 주시겠습니까?

① 해적들을 물리쳐 바닷길이 안전해졌습니다.
② 청해진에서 당나라와 일본을 잇는 무역을 했습니다.
③ 청해진이 동아시아 무역의 중심지로 크게 번성했습니다.
④ 해적들의 세력이 더욱 커져 백성들이 고통을 겪었습니다.

4 내용 적용

이 글을 영화로 만들었어요. 영화의 장면을 순서대로 나열해 보세요.

㉠ 장보고는 당나라로 건너가 장군이 되었다.

㉡ 장보고는 청해진을 세운 뒤 해적을 물리쳤다.

㉢ 장보고가 부하에게 배신당해 죽었다.

㉣ 김우징이 장보고에게 도움을 요청했다.

(㉠) ➡ (　　) ➡ (　　) ➡ (　　)

5 빈칸을 채우며, 이 글의 내용을 정리해 보세요.

핵심 정리

㉠ [ ][ ][ ] 는 당나라의 장군으로 활약하다가 신라로 돌아와 청해에 해군 기지인 ㉡ [ ][ ][ ] 을 세웠다. 그는 해적을 물리친 뒤 신라와 당나라, 일본을 연결하는 무역을 했다.

어휘 학습

6 낱말의 알맞은 뜻을 찾아 선으로 이어 보세요.

어휘 복습

(1) 신분 •　　• ① 개인의 사회적 위치나 계급.

(2) 관직 •　　• ② 군대, 탐험대 등의 활동 근거지.

(3) 기지 •　　• ③ 관리가 나라로부터 받은 업무나 지위.

7 빈칸에 들어갈 알맞은 낱말을 보기 에서 찾아 문장을 완성해 보세요.

어휘 적용

보기	무역	벼슬	왕위	해적

(1) 바닷가에 ______________이 나타나 마을을 공격했다.
　　↳ 다른 배나 해안가를 공격해 재물을 빼앗는 사람.

(2) 두 나라의 사이가 나빠지면서 ______________도 중단되었다.
　　↳ 나라와 나라 사이에서 서로 물건을 사고팔거나 교환하는 일.

경문왕의 귀는 당나귀 귀

경문왕의 귀가 당나귀 귀라고? 그 비밀을 알고 있던 사람은 누구일까?

신라가 잦은 ❶흉년과 반란으로 매우 혼란스러웠을 때 경문왕이 왕위에 올랐어. 그런데 경문왕에게 말도 안 되는 일이 일어났지. 귀가 당나귀 귀처럼 길어진 거야.

"이를 어째. 내 귀가 마치 당나귀 귀와 같구나!"

경문왕은 ❷두건으로 자신의 귀를 가렸어. 그래서 왕비와 신하들 모두 경문왕의 귀가 길다는 것을 몰랐지. 하지만 두건을 만드는 ❸장인은 왕의 귀가 길다는 사실을 알게 되었어.

"내 귀가 길다는 사실을 그 누구에게도 말해서는 안 된다! 소문을 퍼뜨렸다가는 네게 큰 벌을 내릴 것이다!"

"네! 절대 말하지 않겠습니다!"

장인은 경문왕의 어마어마한 비밀을 알게 된 뒤 큰 괴로움에 빠졌어.

'전하의 귀가 당나귀 귀와 같다는 것을 말하고 싶다……. 너무 말하고 싶어서 입이 간지러워!'

장인은 사람들에게 왕의 비밀을 말하고 싶었어. 하지만 벌을 받을까 두려워 어디에도 말하지 못하고 끙끙 앓기만 할 뿐이었지.

"내 귀에 대해 아무에게도 말하지 않았겠지?"

"그, 그럼요! 입도 ❹뻥긋하지 않았습니다."

하지만 장인도 참는 데 한계가 찾아왔어.

'에잇! 더 이상은 못 참겠다! 죽기 전에 한 번만 외쳐 보자!'

장인은 죽음을 앞두고 사람이 없는 대나무 숲으로 향했어. 그리고 큰 소리로 외쳤지.

---

❶ **흉년** 농사가 잘되지 않은 해. ❷ **두건** 헝겊으로 만들어 머리를 감싸는 물건. ❸ **장인** 손으로 만드는 일을 직업으로 하는 사람. ❹ **뻥긋하다** 닫혀 있던 입이 슬그머니 열리다.

"임금님 귀는 당나귀 귀! 임금님 귀는 당나귀 귀!"

그러자 대나무 숲이 ⑤메아리치듯 ⑥화답했어.

"임금님 귀는 당나귀 귀~ 임금님 귀는 당나귀 귀~."

장인은 평생의 비밀로 지켜 오던 사실을 입 밖으로 낸 뒤, ⑦후련한 마음으로 죽을 수 있었어.

그런데 어느 날부턴가 바람이 불 때마다 대나무 숲에서 이상한 소리가 나기 시작했어.

"임금님 귀는 당나귀 귀~ 임금님 귀는 당나귀 귀~."

화가 난 경문왕은 대나무를 모두 베어 버리고 새로운 나무를 심었어. 그래도 바람이 불면 숲에서 이상한 소리가 들려왔대.

"임금님 귀는 기다랗다~ 기다랗다~."

경문왕 당나귀 귀

⑤ **메아리** 울려 퍼져 가던 소리가 산이나 절벽 같은 데에 부딪쳐 되울려오는 소리. ⑥ **화답하다** 시나 노래에 응하여 대답하다. ⑦ **후련하다** 답답하여 언짢던 것이 풀려 마음이 시원하다.

독해 학습

1 중심 내용

이 글을 읽고 빈칸에 들어갈 낱말을 글자판에서 찾아 동그랗게 묶어 보세요.

신라의 □□□은 귀가 당나귀 귀처럼 길었다. 이 사실은 오직 두건을 만드는 장인만이 알고 있었다.

고	경	화
구	문	랑
려	왕	도

2 내용 적용

이 글을 영화로 만들었어요. 영화의 장면을 순서대로 나열해 보세요.

㉠ 경문왕의 귀가 당나귀 귀처럼 길어졌다.

㉡ 대나무 숲에서 "임금님 귀는 당나귀 귀!"라는 소리가 들렸다.

㉢ 장인이 죽기 전 대나무 숲에서 경문왕의 비밀을 소리쳤다.

㉣ 장인이 경문왕의 귀가 길다는 사실을 알게 되었다.

(㉠) ➡ (   ) ➡ (   ) ➡ (   )

3 내용 적용

이 글을 읽고 대본을 썼어요. 빈칸에 들어갈 대사로 알맞은 것은 무엇인가요? (   )

신하: 전하, 바람이 불면 대나무 숲에서
"임금님의 귀는 당나귀 귀!"
라는 소리가 들려옵니다.
어떻게 하면 좋을까요?

경문왕: ______________________

① 대나무 숲에 제사를 지내겠다!
② 대나무 숲을 모두 베어 버려라!
③ 소문을 퍼뜨린 자를 찾아내 벌을 주겠다!
④ 백성들 앞에서 두건을 벗고 진실을 밝히겠다!

4 핵심 정리

빈칸을 채우며, 이 글의 내용을 정리해 보세요.

보기 경문왕 대나무 밤나무 신문왕

㉠ ____________은 왕이 된 뒤 귀가 당나귀 귀처럼 길어졌다. 왕의 비밀을 알게 된 장인은 ㉡ ____________ 숲에서 "임금님 귀는 당나귀 귀!"라고 크게 소리쳤다. 이후 바람이 불 때마다 숲에서 "임금님 귀는 당나귀 귀~."라는 소리가 들려왔다.

5 어휘 복습

낱말의 알맞은 뜻을 찾아 선으로 이어 보세요.

(1) 흉년 •　　• ① 농사가 잘되지 않은 해.

(2) 장인 •　　• ② 시나 노래에 응하여 대답하다.

(3) 화답하다 •　　• ③ 손으로 만드는 일을 직업으로 하는 사람.

6 어휘 적용

밑줄 친 낱말이 잘못 쓰인 문장을 골라 보세요. (　　　)

① 학생들은 선생님이 부른 노래에 화답했다.

② 장인은 도자기를 빚는 데 모든 정신을 집중했다.

③ 농부들은 흉년을 기원하며 노래를 부르고 춤을 췄다.

④ 부모님께 속상한 마음을 털어놓고 나니 속이 후련했다.

09 뜻을 이루지 못한 천재 최치원

최치원은 신라의 천재!
나는 역사반의 천재!
그런데 최치원은 왜
당나라의 관리가
되었을까?

신라에 최치원이라는 매우 똑똑한 아이가 있었어. 주변에서는 최치원을 천재라고 칭찬했지. 하지만 최치원은 6두품 신분을 가졌기 때문에 신라에서는 성공하기 어려웠어. 신라는 진골 귀족들만 높은 관직에 오를 수 있었고, 그 다음 신분인 6두품은 ❶제아무리 능력이 뛰어나도 높은 관직에 오를 수 없었기 때문이야.

"당나라에서는 외국인이라도 관직에 올라 자신의 능력을 펼칠 수 있다고 하니 차라리 유학을 가자!"

최치원은 ❷일찌감치 당나라로 건너가 열심히 공부했어. 그리고 18살의 나이에 어른도 붙기 어려운 관리 시험에 합격했지.

최치원이 당나라의 관리가 되었을 때, 당나라에서 황소의 ❸난이 일어났어. 혼란스러운 상황을 지켜보던 최치원은 황소를 ❹꾸짖는 글을 썼지.

온 세상 사람들이 너를 없애려고 하고, 땅 속의 귀신조차 너를 죽이려고 하니 얼른 항복하라!

황소는 최치원의 글을 읽고 깜짝 놀라 침대에서 굴러떨어졌어. 이 일을 ❺계기로 최치원은 뛰어난 문장 솜씨를 가진 사람으로 유명해졌지.

최치원은 당나라에서 관리로 일하면서도 신라를 잊지 못했어.

'백성들이 굶어 죽고 있는데, 나라는 대체 무엇을 하고 있단 말인가? 그래. 신라로 돌아가자!'

역사 사전

6두품
신라의 신분 제도인 골품제 중 성골, 진골의 뒤를 잇는 신분이야. 6두품이 5두품, 4두품보다 높은 신분이긴 해도 높은 관직에 오르지 못했고 중요한 나랏일에 참여할 수 없었어.

황소의 난
당나라에서 일어난 농민 반란이야. 한때 반란군이 당나라의 수도를 차지하기도 했지. 황소의 난으로 당나라는 큰 충격을 받아 약해지게 됐어.

---

❶ **제아무리** 제 딴에 아주. ❷ **일찌감치** 조금 이르다고 할 정도로 일찍. ❸ **난** 나라의 질서를 어지럽히는 대규모의 집단적 행동. ❹ **꾸짖다** 윗사람이 아랫사람의 잘못에 대해 엄하게 나무라다. ❺ **계기** 어떤 일이 일어나는 결정적인 원인.

최치원은 신라로 돌아와 진성 여왕에게 백성들을 위한 정치를 해야 한다며 십여 개의 ❻개혁안을 올렸어.

"깨끗한 정치, 바른 정치를 해야 합니다!"

"참으로 좋은 뜻이로구나. 네게 큰 벼슬을 내리겠다."

진성 여왕은 최치원에게 6두품이 올라갈 수 있는 벼슬 중 최고 높은 벼슬을 주었어. 하지만 진골 귀족들은 최치원을 ❼시기하며 그의 개혁안을 따르지 않았지.

"당나라에서 잘나갔으면 다야?"

"6두품 주제에 뭘 안다고 큰소리야!"

결국 최치원은 신분의 벽에 부딪혀 자신의 뜻을 펼치지 못했어.

'아! 내가 백성들을 위해 더 이상 할 수 있는 게 없구나!'

최치원은 관직을 버린 뒤 전국 이곳저곳을 돌아다녔는데, 훗날 그가 산으로 들어가 ❽신선이 되었다는 이야기가 전해져 와.

☆최치원 ☆6두품

❻ **개혁안** 제도나 기구를 새롭게 고치기 위한 생각. ❼ **시기하다** 남이 잘되는 것을 샘내어 미워하다. ❽ **신선** 인간 세계를 떠나 자연과 친구하며 산다는 상상 속의 사람.

독해 학습

1 중심 내용

이 글의 최치원에 대한 설명으로 알맞은 것을 모두 선으로 이어 보세요.

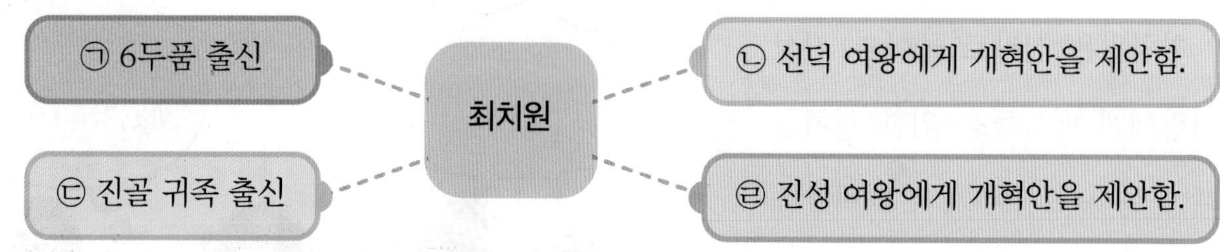
㉠ 6두품 출신
㉢ 진골 귀족 출신
최치원
㉡ 선덕 여왕에게 개혁안을 제안함.
㉣ 진성 여왕에게 개혁안을 제안함.

2 추론

이 글을 읽고 빈칸에 들어갈 말로 알맞은 것을 모두 골라 보세요. (　　　,　　　)

내가
당나라로 유학을
떠난 까닭은
____
최치원

① 불교가 발달한 당나라에서 공부하기 위해서이다.
② 당나라에 사는 친척의 도움을 받을 수 있기 때문이다.
③ 당나라에서는 외국인도 관직에 오를 수 있기 때문이다.
④ 신라에서 6두품은 높은 관직에 오를 수 없기 때문이다.

3 내용 이해

이 글의 내용과 일치하지 않는 것은 무엇인가요? (　　　)

① 최치원이 진성 여왕에게 개혁안을 올렸다.
② 최치원은 어린 나이에 당나라로 유학을 갔다.
③ 신라에서 일어난 황소의 난으로 나라가 혼란스러워졌다.
④ 최치원은 자신의 개혁안이 실행되지 않자 관직을 그만두었다.

4 인물 이해

이 글의 인물들이 어떤 생각을 했을지 예상해 보고 선으로 이어 보세요.

(1) 
진골 귀족

(2) 
최치원

㉠ 당나라에 다녀와 봤자 6두품인데 감히 나랏일에 참견을 해?

㉡ 신라를 위해 당나라에서 돌아왔건만 할 수 있는 게 없구나!

▶ 정답과 풀이 6쪽

5 빈칸을 채우며, 이 글의 내용을 정리해 보세요.

핵심 정리

㉠ [ ][ ][ ] 은 당나라로 유학을 가 그곳의 관리가 되었다.

⬇

그는 반란을 일으킨 황소를 꾸짖는 글을 써서 유명해졌다.

⬇

신라로 돌아와 진성 여왕에게 개혁안을 올렸지만

㉡ [ ][ ][ ] 이라는 까닭으로 뜻을 펼치지 못했다.

어휘 학습

6 뜻풀이에 알맞은 낱말을 골라 ○표 해 보세요.

어휘 복습

(1) 어떤 일이 일어나는 결정적인 원인. .... (결과 / 계기)

(2) 나라의 질서를 어지럽히는 대규모의 집단적 행동. .... (개혁 / 난)

(3) 인간 세계를 떠나 자연과 친구하며 산다는 상상 속의 사람. .... (신분 / 신선)

7 보기 에서 알맞은 낱말을 찾아 밑줄 친 말을 바꾸어 써 보세요.

어휘 적용

보기	개혁안	계기	일찌감치	화답

(1) 대통령은 교육 <u>제도를 새롭게 고치기 위한 생각</u>을 발표했다.

➡ 대통령은 교육 (   )을 발표했다.

(2) 내일 일찍 나가려면 <u>조금 이르다고 할 정도로 일찍</u> 잠을 자 두는 게 좋다.

➡ 내일 일찍 나가려면 (   ) 잠을 자 두는 게 좋다.

10

견훤, 백제의 영광을 다시 한번!

견훤은 아기 때부터 범상치 않은 인물이었대! 견훤은 어떤 사람이었을까?

신라에 아자개와 그의 아들 견훤이 살았어. 어느 날, 견훤의 어머니는 밭을 갈고 있는 남편 아자개에게 음식을 가져다주려고 아기 견훤을 숲에 내려놓았지.

"견훤아, 잠시 여기에 있어라. 아버지에게 어서 다녀오마."

어머니가 견훤에게서 멀어지자 숲속에서 호랑이 소리가 들렸어.

"어흥!"

호랑이는 견훤에게 ❶어슬렁어슬렁 다가왔어. 아기 견훤은 아무것도 모르고 ❷방긋 웃고 있었지. 호랑이는 곧 견훤의 곁에 바짝 몸을 붙이고 앉았어.

"세상에, 견훤이 위험해!"

사람들이 견훤을 지키려고 다가가려는 순간, 신기한 일이 벌어졌어. 호랑이가 견훤에게 젖을 먹이고 있는 거야. 아기 견훤은 호랑이의 젖을 맛있게 먹었지.

"호랑이가 견훤에게 젖을 주고 있잖아? 놀라운 일이야!"

"견훤은 장차 큰 인물이 될 게 분명해!"

사람들은 저마다 모여 견훤에게 일어난 일에 대해 이야기하기 바빴어.

아기 견훤은 무럭무럭 자라 신라를 지키는 군인이 되었어. 그는 창을 베개 삼아 자면서 어떤 소리에도 누구보다 빠르게 반응하며 뛰쳐나가는 용감한 군인이 되었지.

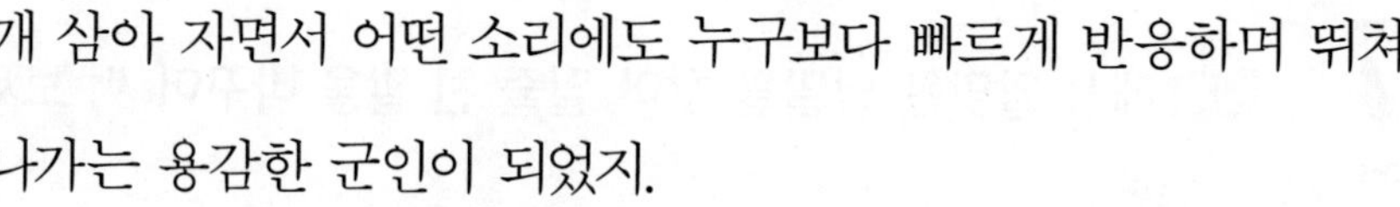

❶ **어슬렁어슬렁** 몸집이 큰 동물이나 사람이 몸을 조금씩 흔들며 걷는 모양. ❷ **방긋** 입을 예쁘게 약간 벌리며 소리 없이 가볍게 웃는 모양.

하지만 신라는 점점 더 기울어지고 있었어. 수많은 백성들은 왕실과 귀족들의 ❸수탈에 못 이겨 ❹도적이 되었지. 또 지방에서는 힘을 키운 뒤 자기 고장을 다스리는 ❺호족들도 생겨났어.

"무너져 가는 나라를 이대로 두고만 볼 수 없어!"

견훤은 신라의 혼란을 틈타 군사를 일으켰어. 그리고 완산주를 수도로 삼아 새 나라를 세웠지.

"백제가 일어난 지 600년이 지났을 무렵, 신라와 당나라가 힘을 합쳐 백제를 무너뜨렸다! 나 견훤은 이 땅에서 백제의 마지막 왕인 의자왕의 ❻원한을 씻을 것이다!"

"와! 견훤 만세!"

"백제의 영광을 되살리자!"

신라의 군인이었던 견훤은 신라의 ❼군복을 벗어던지고 새 나라를 세웠어. 견훤은 찬란한 문화를 간직한 백제의 뒤를 잇는다는 뜻에서 나라의 이름을 ☆후백제라 지었지.

역사 사전

완산주
오늘날 전라북도 전주야. 견훤은 이곳을 후백제의 수도로 삼았어.

☆견훤 ☆후백제

❸ **수탈** 강제로 빼앗음. ❹ **도적** 남의 물건을 훔치거나 빼앗는 사람. ❺ **호족** 신라 말 지방에서 성장해 고려를 세우는 데 앞장선 세력. ❻ **원한** 억울한 일을 당해 한이 된 마음. ❼ **군복** 군인이 입는 옷.

1 이 글의 견훤에 대한 설명으로 알맞은 것을 모두 선으로 이어 보세요.

중심 내용

2 견훤이 살던 때의 신라 모습으로 알맞은 것을 색칠해 보세요.

내용 이해

㉠ 왕이 강한 힘을 휘둘렀다.	㉡ 지방에서 힘을 키운 호족들이 생겨났다.	㉢ 백제와 당나라가 힘을 합쳤다.

3 이 글의 견훤이 발표한 연설문이에요. 견훤이 잘못 말한 부분을 골라 보세요. (　　　)

내용 적용

안녕하세요. 백성 여러분! 견훤입니다.

지금 신라는 나라의 질서가 엉망입니다. ① 많은 백성들은 수탈에 못 이겨 도적이 되었습니다. 그래서 ② 저는 신라의 군인이었지만, 더 이상 신라에 충성하지 않기로 했습니다. 여러분! 썩은 신라에는 미래가 없습니다. ③ 옛 고구려의 영광을 되살려 이곳에 새 나라를 세워 여러분과 새 출발을 하겠습니다. ④ 나라의 이름은 후백제라고 할 것입니다. 절 믿고 잘 따라와 주시기 바랍니다. 감사합니다.

4 이 글을 영화로 만들었어요. 영화의 장면을 순서대로 나열해 보세요.

내용 적용

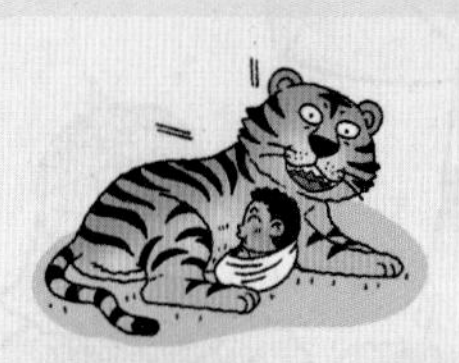

㉠ 호랑이가 아기 견훤에게 젖을 물렸다.

㉡ 견훤이 새 나라 후백제를 세웠다.

㉢ 견훤이 신라를 지키는 군인이 되었다.

㉣ 견훤이 신라의 혼란을 틈타 군사를 일으켰다.

(㉠) ➡ (　　　) ➡ (　　　) ➡ (　　　)

5 빈칸을 채우며, 이 글의 내용을 정리해 보세요.

핵심 정리

아자개의 아들 ㉠ [|] 은 어려서 호랑이가 젖을 물릴 정도로 남다른 인물이었다. 신라의 군인이 된 그는 나라의 혼란을 틈타 군사를 일으켰다.

그는 완산주를 수도로 삼아 새 나라 ㉡ [| |] 를 세웠다.

어휘 학습

6 낱말의 알맞은 뜻을 찾아 선으로 이어 보세요.

어휘 복습

(1) 호족 •

(2) 수탈 •

(3) 도적 •

• ① 강제로 빼앗음.

• ② 남의 물건을 훔치거나 빼앗는 사람.

• ③ 신라 말 지방에서 성장해 고려를 세우는 데 앞장선 세력.

7 밑줄 친 낱말이 잘못 쓰인 문장을 골라 보세요. (　　　)

어휘 적용

① 상인은 산속에서 도적을 만나 재물을 빼앗겼다.
② 영수는 자신을 배신한 친구에게 원한을 품었다.
③ 아저씨는 뒷짐을 지고 어슬렁어슬렁 걸어 다녔다.
④ 지방관이 수탈에 힘쓰자 백성들이 먹고살기 좋아졌다.

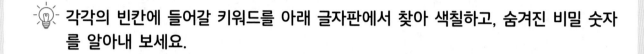

키워드로 비밀 숫자 찾기!

▶ 정답 17쪽

각각의 빈칸에 들어갈 키워드를 아래 글자판에서 찾아 색칠하고, 숨겨진 비밀 숫자를 알아내 보세요.

❶ 신라에서는 역병이나 나쁜 일이 집에 들어오지 않게 ○○의 얼굴 그림을 문 앞에 붙였어.
└→ 동해 용왕의 아들.

❷ 장보고는 해군 기지인 ○○○을 세워 해적을 물리쳤어.

❸ 장보고는 ○○○을 도와 군사를 일으킨 뒤, 그를 왕위에 앉혔어.
└→ 신라의 45번째 왕으로 신무왕의 이름.

❹ 신라의 ○○○은 당나귀 귀처럼 긴 귀를 가졌어.

❺ 최치원은 ○두품 출신이었기 때문에 가장 높은 관직에 오를 수 없었어.
└→ 진골의 뒤를 잇는 신분.

❻ 당나라의 ○○가 반란을 일으키자 최치원은 그를 꾸짖는 편지를 썼어.

❼ 신라의 군인이었던 견훤은 완산주에 ○○○를 세웠어.

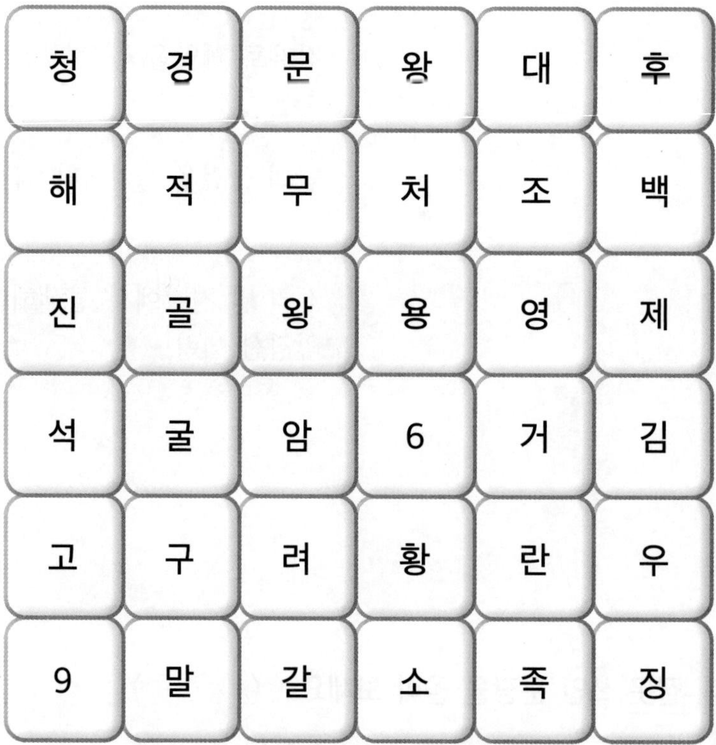

청	경	문	왕	대	후
해	적	무	처	조	백
진	골	왕	용	영	제
석	굴	암	6	거	김
고	구	려	황	란	우
9	말	갈	소	족	징

▶비밀 숫자는 바로 ____________!

새 나라 고려가 후삼국을 통일했어!
고려는 어떻게 거란의 침입으로부터 나라를 지키고
성장해 갔을까? 역사 속 영웅들을 만나러 가 보자!

- 901년 후고구려 건국
- 918년 고려 건국
- 936년 후삼국 통일
- 994년 강동 6주 획득
- 1019년 귀주 대첩

회차	학습 내용	핵심 키워드	교과 연계	학습 계획일
11	후고구려의 영웅, **궁예**	☆ 궁예 ☆ 후고구려	【사회 5-2】 1. 옛사람들의 삶과 문화 ② 독창적 문화를 발전시킨 고려	월 일
12	**왕건**, 새로운 영웅의 등장	☆ 왕건 ☆ 고려	【사회 5-2】 1. 옛사람들의 삶과 문화 ② 독창적 문화를 발전시킨 고려	월 일
13	운명의 라이벌, **왕건**과 **견훤**의 한판 승부!	☆ 고창 전투 ☆ 후삼국 통일	【사회 5-2】 1. 옛사람들의 삶과 문화 ② 독창적 문화를 발전시킨 고려	월 일
14	말로 고려를 구한 **서희**	☆ 서희 ☆ 거란 ☆ 강동 6주	【사회 5-2】 1. 옛사람들의 삶과 문화 ② 독창적 문화를 발전시킨 고려	월 일
15	**강감찬**, 위기의 고려를 구하라!	☆ 강감찬 ☆ 귀주 대첩	【사회 5-2】 1. 옛사람들의 삶과 문화 ② 독창적 문화를 발전시킨 고려	월 일
역사 놀이터	**키워드 찾기 대작전!**			

후고구려의 영웅, 궁예

궁예는 아기 때 한쪽 눈이 멀었대. 궁예는 왜 눈이 멀게 되었을까?

"응애, 응애."

아기의 울음소리가 들리는 집의 지붕 위로 흰빛이 무지개처럼 하늘까지 뻗쳤어. 이 울음소리의 주인공은 신라의 왕자 궁예야. 신하들은 왕에게 궁예를 키우면 안 된다고 했어.

"전하, 아이가 태어날 때 빛이 이상했습니다. 이 아이는 장차 나라를 위험하게 만들 것입니다."

"뭐라? 나라를 위해서 아이를 없애라!"

신하는 왕의 명령을 받고 아기 궁예를 높은 곳에서 던져 버렸어. 이때 궁예를 불쌍하게 여긴 유모[1]는 아래에서 몰래 기다리고 있다가 떨어지는 궁예를 받았지.

"앗! 왕자님의 눈이……!"

유모가 실수로 떨어지는 궁예의 눈을 찔러 버렸어. 이 일로 궁예는 영원히 한쪽 눈이 멀게[2] 되었지.

궁예는 자라서 스님이 되었어. 하지만 혼란스러운 세상을 보면서 백성들을 위해 큰일을 해야겠다고 마음먹었지.

"귀족들은 집에 금칠을 하고 고기가 남아돌아 썩어 가는데, 백성들은 굶주림을 이기지 못해 산으로 들어가 도적이 되고 있다. 이것이 어찌 나라란 말인가!"

궁예는 절에서 나와 자신을 따르는 무리를 늘려 가며 세력을 키웠어. 송악의 호족으로 많은 재산을 모았던 왕건까지 궁예의 부하가 되었지.

역사 사전

송악
오늘날 개성이야. 이곳에서 왕건의 집안은 무역을 하며 힘을 길렀지. 궁예는 송악을 수도로 정하고 후고구려를 세웠어.

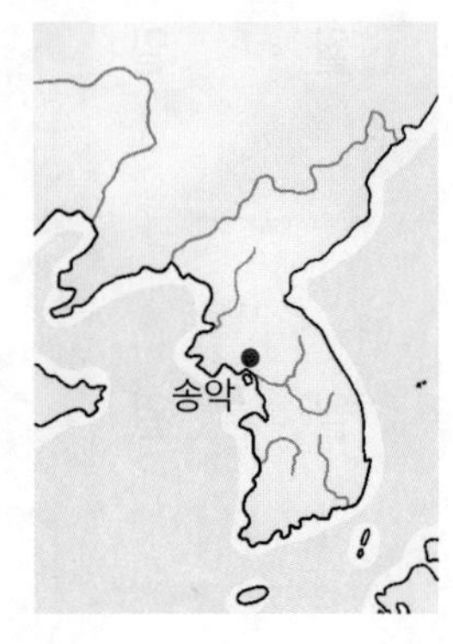

❶ **유모** 아이를 낳은 어머니 대신 아이에게 젖을 먹여 주는 여자. ❷ **멀다** 시력이나 청력 따위를 잃다.

궁예는 자신의 ❸세력이 점점 더 커지자 새 나라를 세울 준비를 했어. 이때 견훤이 옛 백제 땅에 후백제를 세웠다는 소식이 들려왔지.

'우리도 때가 되었다! 송악 주변에는 옛 고구려의 ❹후예들이 많이 사니 고구려를 잇겠다는 ❺명분을 내세워 나라를 세워야겠다.'

궁예는 송악을 수도로 정하고 새 나라 후고구려를 세웠어.

"후고구려에서 옛 고구려의 ❻영광을 되찾을 것이다!"

후고구려는 세력을 키워 나가며 오늘날 황해도, 경기도, 강원도, 충청도 일부 지역까지 차지했어.

후고구려와 후백제, 신라가 힘을 겨루던 시대를 '후삼국 시대'라고 해. 고구려, 백제, 신라가 치열하게 맞섰던 삼국 시대처럼 세 나라가 ❼치열하게 맞서 싸우는 새로운 시대가 시작된 거야.

궁예 후고구려

---

❸ **세력** 권력이나 기세의 힘. ❹ **후예** 한 핏줄을 이어받은 후손. ❺ **명분** 일을 꾀할 때 내세우는 까닭. ❻ **영광** 빛나고 아름다운 명예. ❼ **치열하다** 기세나 세력이 불길같이 세차다.

독해 학습

1 중심 내용

이 글의 중심 내용을 바르게 말한 사람을 찾아 ○표 해 보세요.

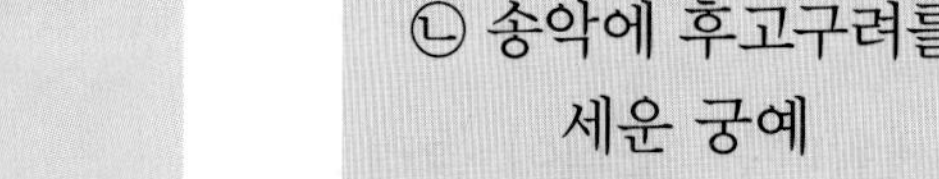

㉠ 눈이 먼 아기 궁예

[ ]

㉡ 송악에 후고구려를 세운 궁예

[ ]

㉢ 궁예의 부하가 된 왕건

[ ]

2 내용 이해

이 글의 내용과 일치하지 <u>않는</u> 것은 무엇인가요? (　　　)

① 궁예는 절에서 나와 후백제를 세웠다.

② 궁예가 태어날 때 흰빛이 하늘까지 뻗쳤다.

③ 신라의 왕은 아기 궁예를 죽이라고 명령했다.

④ 유모에게 길러진 궁예는 자라서 스님이 되었다.

3 지도 읽기

빈칸에 들어갈 알맞은 지역을 다음 지도에서 찾아 기호를 써 보세요.

궁예는 [　　　] 을(를) 후고구려의 수도로 정했다.

____

4 내용 이해

이 글의 궁예가 다음과 같이 말한다면 그 까닭은 무엇인가요? (　　　)

> 고구려를 잇겠다는 명분을 내세워 나라를 세워야겠다!

① 후백제의 이름과 비슷한 이름을 짓고 싶었기 때문이다.

② 경주 주변에는 옛 신라 사람들이 많이 살았기 때문이다.

③ 고구려를 무너뜨린 당나라에게 복수를 하기 위해서이다.

④ 송악 주변에 옛 고구려의 후예들이 많이 살았기 때문이다.

5 빈칸을 채우며, 이 글의 내용을 정리해 보세요.

핵심 정리

신라의 왕자인 ㉠ [|] 는 왕에게 버림받고 한쪽 눈을 잃었다.

⬇

스님이 된 그는 절에서 나와 자신을 따르는 무리를 늘려 가며 세력을 키웠다.

⬇

그는 고구려를 잇는다는 명분을 내세워 송악에

㉡ [| | |] 를 세웠다.

어휘 학습

6 낱말의 알맞은 뜻을 찾아 선으로 이어 보세요.

어휘 복습

(1) 명분 •　　• ① 권력이나 기세의 힘.

(2) 세력 •　　• ② 일을 꾀할 때 내세우는 까닭.

(3) 치열하다 •　　• ③ 기세나 세력이 불길같이 세차다.

7 빈칸에 들어갈 알맞은 낱말을 보기에서 찾아 문장을 완성해 보세요.

어휘 적용

보기	수탈	영광	유모	후예

(1) 기나긴 전투 끝에 장군은 승리의 ____________을 차지했다.
↳ 빛나고 아름다운 명예.

(2) 경상북도에는 대조영의 ____________들이 모여 사는 마을이 있다.
↳ 한 핏줄을 이어받은 후손.

왕건,
새로운 영웅의 등장

우리 집안에서 가장 유명한 사람은 왕건이야! 그런데 왕건은 왜 궁예를 몰아냈을까?

송악의 호족이었던 왕건은 궁예의 부하가 되었어. 왕건은 군사를 이끌고 후백제를 공격해 땅을 넓히며 큰 ❶공을 세웠지.

"왕건 장군님은 항상 전쟁에서 승리를 거두셔!"

"과연 후고구려 최고의 장군이야!"

한편 궁예는 부하들이 자신을 배신하지 않을까 두려웠어. 그래서 부하들에게 겁을 줘 ❷반란을 일으키지 못하게 하려고 했지.

"나는 세상을 구하러 온 미륵 부처다. 나는 사람의 마음을 꿰뚫어 볼 수 있으니 아무도 내 앞에서 거짓말을 하지 마라!"

궁예는 자신을 따르지 않으면 누구에게든 벌을 주었어. 자신에게 ❸충고하는 부인까지 없앴지.

"왕이 ❹포악한 정치를 펼치니 큰일일세."

"쉿! 누가 듣겠네. 요즘은 왕 앞에서 기침만 해도 목이 달아난다네."

궁예는 충성스러운 신하였던 왕건마저 믿지 못하게 되었어.

"왕건, 자네가 지난밤에 ❺반역을 꾀했다지?"

"네? 제가 어찌 폐하를 배신한단 말입니까?"

"허허, 거짓을 고하지 말라. 나는 자네의 마음을 꿰뚫어 볼 수 있다!"

궁예가 눈을 감고 깊은 생각에 잠겼어. 그러자 최응은 일부러 붓을 떨어뜨린 뒤 붓을 줍는 척하면서 왕건에게 다가와 말했지.

"폐하께 반역을 꾀했다고 말씀하십시오. 그렇게 하지 않으면 죽습니다."

왕건은 최응의 말을 듣고는 다시 궁예에게 대답했어.

역사 사전

미륵 부처
미래에 인간 세상에 나타나 사람들을 구원한다는 부처님이야.

❶ **공** 일을 마치거나 목적을 이루는 데 들인 노력과 수고. ❷ **반란** 정부나 왕, 지도자를 몰아내려고 일으키는 싸움. ❸ **충고하다** 남의 잘못을 진심으로 타이르거나 일러 주다. ❹ **포악하다** 성질이나 행동이 사납고 못되다. ❺ **반역** 나라와 왕을 배반하는 것.

"폐하, 죽을 죄를 지었습니다. 제가 반역하려는 마음이 있었습니다."

"하하, 자네는 ❻정직한 사람이로군. 이번만은 내가 용서해 주겠네."

궁예의 포악한 정치가 계속 이어지자 신하들은 참지 못하고 왕건을 찾아갔어.

"왕의 포악한 정치로 고통받는 백성들이 나날이 늘어나니 이를 어찌 두고만 보겠습니까? 궁예를 몰아내고 왕건 님께서 왕이 되십시오."

왕건은 신하들의 요청에도 ❼머뭇거렸어. 그러자 왕건의 부인이 갑옷을 들고 나왔지.

"장군들의 말을 들으니 저도 화가 나서 참을 수가 없는데, 어찌하여 참고 계신단 말입니까. 어서 하늘의 명령을 받드세요!"

왕건은 갑옷을 입고 신하들과 함께 궁예가 있는 궁궐에 쳐들어갔어. 마침내 918년, 왕건은 궁예를 몰아내고 ☆고려를 세웠어. 왕건이 세운 고려가 후백제, 신라와 함께 후삼국 시대를 이끌어 나가게 된 거야.

☆왕건 ☆고려

❻ **정직하다** 마음에 거짓이나 꾸밈이 없이 바르고 곧다. ❼ **머뭇거리다** 말이나 행동 따위를 딱 잘라서 하지 못하고 자꾸 망설이다.

1 중심 내용

이 글을 읽고 빈칸에 들어갈 낱말을 글자판에서 찾아 동그랗게 묶어 보세요.

궁예의 신하였던 왕건은 궁예를 몰아내고 □□를 세웠다.

백	제	왕
고	구	건
려	신	라

2 인물 이해

이 글의 왕건에 대한 설명으로 알맞은 것을 모두 선으로 이어 보세요.

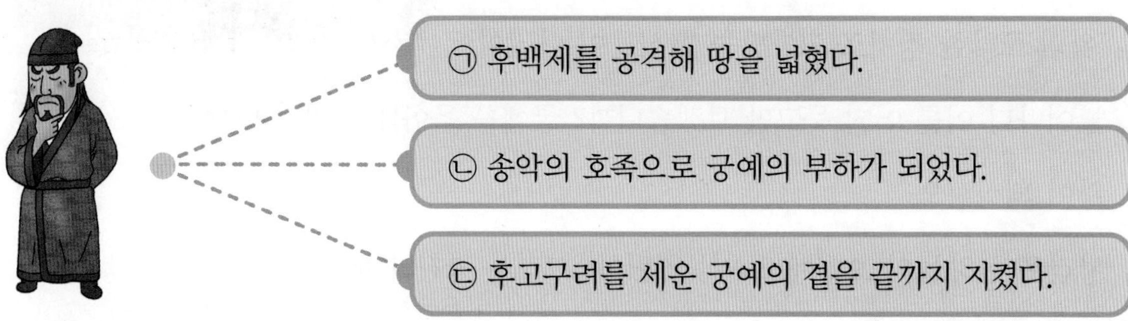

㉠ 후백제를 공격해 땅을 넓혔다.
㉡ 송악의 호족으로 궁예의 부하가 되었다.
㉢ 후고구려를 세운 궁예의 곁을 끝까지 지켰다.

3 내용 이해

이 글을 읽고 일이 일어난 순서대로 기호를 써 보세요.

㉠ 왕건이 궁예의 부하가 되어 큰 공을 세웠다.	㉡ 왕건이 궁예를 쫓아내고 새 나라 고려를 세웠다.	㉢ 궁예가 곁에서 자신에게 충고하던 부인까지 없앴다.	㉣ 궁예의 신하들이 왕건에게 왕이 되어 달라고 요청했다.

(㉠) ➡ (　　) ➡ (　　) ➡ (　　)

4 내용 이해

이 글의 궁예가 다음과 같이 말한다면 그 까닭은 무엇인가요? (　　　)

나는 세상을 구하러 온 미륵 부처다! 내 앞에서 거짓말을 하지 마라!

① 견훤이 후고구려에 항복하기를 바랐기 때문이다.
② 왕건이 궁예를 속이고 신라를 공격했기 때문이다.
③ 궁예는 사람의 마음을 진짜로 꿰뚫어 볼 수 있었기 때문이다.
④ 부하들에게 겁을 줘 반란을 일으키지 못하게 하려고 했기 때문이다.

5 빈칸을 채우며, 이 글의 내용을 정리해 보세요.

핵심 정리

보기 궁예 왕건 원효 처용

㉠ ______________은 궁예의 부하가 되어 후백제를 공격해 땅을 넓히는 등 큰 공을 세웠다. 하지만 궁예가 자신을 미륵 부처라고 하며 포악한 정치를 펼치자 그는 ㉡ ______________를 내쫓고 고려를 세웠다.

6 뜻풀이에 알맞은 낱말을 골라 ○표 해 보세요.

어휘 복습

(1) 나라와 왕을 배반하는 것. .... (**무역** / **반역**)

(2) 성질이나 행동이 사납고 못되다. .... (**자상하다** / **포악하다**)

(3) 정부나 왕, 지도자를 몰아내려고 일으키는 싸움. .... (**개혁** / **반란**)

7 밑줄 친 낱말의 알맞은 뜻을 골라 번호를 써 보세요.

어휘 적용

공	① 여러 사람에 관계되는 국가나 사회의 일. 예 공무원은 언제나 **공**과 사를 명확히 구분해야 한다. ② 일을 마치거나 목적을 이루는 데 들인 노력과 수고. 예 맥아더 장군은 전쟁에서 큰 **공**을 세웠다.

(1) 공무원은 <u>공</u>을 위해 봉사하는 사람이다. (   )

(2) 우리나라 축구팀의 우승에는 박 선수의 <u>공</u>이 컸다. (   )

13

운명의 라이벌, 왕건과 견훤의 한판 승부!

왕건과 견훤의
치열한 싸움이
정말 흥미진진한데?
누가 후삼국을
통일했을까?

"후백제군의 ❶기습이다! 후퇴하라!"

고려와 후백제가 공산에서 크게 맞붙었어. 고려는 공산 전투에서 후백제에 크게 져 많은 군사와 장군들을 잃었지. 왕건도 겨우 목숨만 건져 도망칠 수 있었어.

왕건은 전쟁에서 크게 진 뒤, 나라를 강하게 만들기 위해서는 지방에서 강한 힘을 가졌던 호족들을 자신의 편으로 만드는 것이 중요하다고 생각했어.

"그대에게 '왕씨' 성을 주겠소. 이제 그대는 나와 같은 ❷집안인 것이오."

왕건은 호족들에게 많은 재물을 나눠 주고 높은 벼슬을 주었어. 또 자신의 성씨인 '왕씨' 성을 주거나 호족의 딸과 결혼해 자신의 편으로 끌어들였지. 이 같은 왕건의 노력으로 많은 호족들은 고려의 편에 서게 되었어.

몇 년 후, 고려는 고창에서 또 한 번 후백제와 맞붙게 되었어. 이때 고창 지역의 호족들은 고려군을 도와 후백제군과 맞서 싸웠지.

"후백제군을 남김없이 물리쳐라!"

"호족들이 고려를 도와주니 이기기 어렵구나. 후퇴하라!"

고려는 고창 전투에서 수천 명의 후백제군을 죽이고 큰 승리를 거두었어. 고려는 이 싸움으로 후백제와의 ❸경쟁에서 앞서갈 수 있었지.

고려의 힘이 날로 커져 갈 때 견훤은 아들 신검에게 쫓겨나 절에 갇히고 말았어.

"아들에게 쫓겨나다니. 이 무슨 ❹신세란 말이냐! 내 원수인 왕건에게 항복을 해서라도 신검을 가만두지 않을 것이다!"

역사 사전

공산과 고창

고려와 후백제가 맞서 싸운 공산은 오늘날 대구, 고창은 오늘날 안동이야.

❶ **기습** 적이 생각하지 못한 때에 갑자기 공격하는 것. ❷ **집안** 가족이나 친척을 구성원으로 하는 공동체. ❸ **경쟁** 같은 목적을 두고 이기거나 앞서려고 서로 겨룸. ❹ **신세** 불행한 일과 관련된 처지와 형편.

견훤은 절을 몰래 빠져나온 뒤, 왕건에게 가 항복했어.

"왕건 님, 늙은 저를 받아 주십시오."

"견훤 님, 고려에 잘 오셨습니다. 생활하시는 데 부족함이 없게 ⑤대우해드리겠습니다."

이즈음 신라도 깊은 고민 끝에 고려에 항복했어. 이제 왕건에게 남은 적이라고는 후백제의 신검뿐이었지. 왕건은 견훤과 함께 전쟁에 나섰어.

"이번 전투로 고려의 운명이 결정될 것이다! 후백제군과 끝을 보자!"

"왕건 폐하 만세! 고려 만세!"

고려군의 ⑥사기가 하늘을 찔렀어. 반면 후백제군은 고려의 편에서 맞서 싸우는 견훤을 보고 기가 죽었지. 결국 신검이 이끄는 후백제군은 제대로 싸워 보지도 못하고 고려에 항복했고, 고려는 ✩후삼국 통일을 이뤄 낼 수 있었어. 왕건이 ⑦분열되었던 후삼국 시대를 끝내고 새로운 시대를 연 거야.

✩고창 전투 ✩후삼국 통일

⑤ **대우** 예의를 갖추어 대하는 일. ⑥ **사기** 자신감이 가득해 굽힐 줄 모르는 기운. ⑦ **분열되다** 하나가 여럿으로 갈라져 나뉘게 되다.

독해 학습

1 중심 내용

이 글을 읽고 빈칸에 들어갈 알맞은 낱말을 골라 보세요. (　　　)

왕건은 신라와 후백제의 항복을 받아 내어 ＿＿＿＿＿＿＿＿ 를(을) 통일했다.

① 고조선　　② 당나라　　③ 아라비아　　④ 후삼국

2 내용 이해

이 글을 읽고 각 전투에서 승리한 나라를 선으로 이어 보세요.

(1) 공산 전투 •　　　• ㉠ 고려

(2) 고창 전투 •　　　• ㉡ 후백제

3 내용 이해

이 글의 내용과 일치하면 ○표, 일치하지 않으면 X표 해 보세요.

(1) 신라는 깊은 고민 끝에 고려에 항복했다. (　　　)

(2) 왕건은 호족들에게 '왕씨' 성을 나눠 주었다. (　　　)

(3) 왕건은 호족들의 딸과는 절대 결혼하지 않았다. (　　　)

4 자료 해석

이 글의 견훤이 다음과 같이 행동했다면 그 까닭은 무엇인가요? (　　　)

견훤은 왕건에게 "늙은 신하가 폐하의 가르침에 항복하고 말았으니, 아들 신검을 베려고 합니다."라고 말했다. 왕은 그의 간절한 요청을 불쌍히 여겨 견훤에게 후백제를 쳐도 된다고 허락했다. 『고려사』

① 왕건이 견훤을 끊임없이 협박했기 때문이다.

② 왕건을 속여 고려를 무너뜨리려고 했기 때문이다.

③ 신검이 아버지인 견훤을 몰아내고 절에 가뒀기 때문이다.

④ 왕건과 힘을 합치면 신라를 이길 수 있다고 생각했기 때문이다.

▶ 정답과 풀이 8쪽

5 빈칸을 채우며, 이 글의 내용을 정리해 보세요.

핵심 정리

왕건은 공산 전투에서 후백제군에게 크게 졌다.

⬇

고려군은 ㉠ [ ][ ] 전투에서 후백제군과 맞서 싸워 크게 이겼다.

⬇

견훤과 신라가 고려에 항복했다. 이후 왕건은 후백제의 신검을 물리치고 후삼국 ㉡ [ ][ ] 을 완성했다.

어휘 학습

6 낱말의 알맞은 뜻을 찾아 선으로 이어 보세요.

어휘 복습

(1) 기습 •　　• ① 자신감이 가득해 굽힐 줄 모르는 기운.

(2) 사기 •　　• ② 같은 목적을 두고 이기거나 앞서려고 서로 겨룸.

(3) 경쟁 •　　• ③ 적이 생각하지 못한 때에 갑자기 공격하는 것.

7 보기 에서 알맞은 낱말을 찾아 밑줄 친 말을 바꾸어 써 보세요.

어휘 적용

보기	대우	분열	신세	집안

(1) 대통령은 외국에서 극진하게 예의를 갖추어 대하는 일을 받았다.

➡ 대통령은 외국에서 극진하게 (　　　　　　　)를 받았다.

(2) 아저씨는 한순간의 실수로 경찰에 쫓기는 불행한 일과 관련된 형편이 되었다.

➡ 아저씨는 한순간의 실수로 경찰에 쫓기는 (　　　　　　　)가 되었다.

말로 고려를 구한 서희

나도 말로는 누구에게도 뒤지지 않는데! 서희는 어떻게 말로 거란군을 물리칠 수 있었을까?

고려의 왕 성종이 나라를 다스리던 때에 북쪽의 거란이 많은 군사들을 이끌고 고려에 쳐들어왔어. 그러자 많은 신하들은 얼굴이 하얗게 ❶질려 거란에 항복할 것을 주장했지.

"싸워 보기도 전에 항복이라니요!"

서희가 신하들의 주장에 반대하고 나섰어. 그는 거란과 ❷담판을 하자고 했지.

"폐하, 제가 거란의 장군 소손녕과 이야기를 해 전쟁을 끝내겠습니다."

"좋소. 그대에게 고려의 운명을 걸겠소."

서희는 곧장 소손녕이 머무르는 곳으로 갔어. 소손녕은 ❸거만한 태도로 서희를 맞이했지.

"신라 땅에 세워진 고려가 어찌 우리 것인 옛 고구려 땅을 ❹침범하는가? 너희가 차지한 옛 고구려의 땅을 우리에게 넘긴다면 전쟁을 끝내겠다!"

서희는 소손녕의 말에 표정 하나 변하지 않고 당당하게 말했어.

"고려는 고구려를 ❺계승한 나라이다. 그래서 나라 이름도 고려라 지었고, 고구려의 옛 수도인 평양에 수도 서경을 두었다. 그대의 말대로라면 거란이 차지한 옛 고구려의 땅은 고구려를 계승한 고려의 것이어야 한다."

역사 사전

거란
랴오허강 상류에 살던 유목 민족으로 10세기에 야율아보기가 부족들을 통합하고 나라를 세웠어.

고려는 고구려를 계승한 나라이니 옛 고구려의 땅은 모두 고려의 것이오.
할 말이 없구나!

❶ **질리다** 빛깔이 변하거나 핏기가 가시다. ❷ **담판** 이야기를 나누어 옳고 그름을 따짐. ❸ **거만하다** 잘난 체하며 남을 업신여기다. ❹ **침범하다** 함부로 쳐들어가 해치거나 건드리다. ❺ **계승하다** 조상의 전통이나 문화유산 등을 물려받아 이어 나가다.

소손녕은 서희의 말에 아무 말도 할 수 없었어. 그는 헛기침을 두어 번 하고는 고려가 ❻국경을 접한 거란을 멀리하고 바다 건너 멀리 있는 송나라를 섬기는 까닭을 따져 물었지. 이에 서희는 슬그머니 웃으며 소손녕의 말에 대꾸했어.

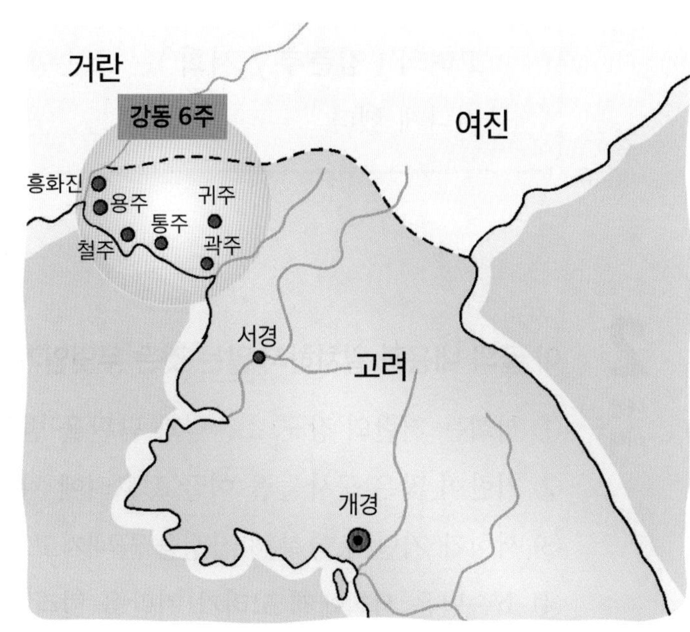

"본래 압록강 안팎은 고려의 땅이었으나 지금은 여진이 그 땅을 훔쳐 살면서 길을 막으니 함부로 다닐 수가 없다. 그러니 여진을 쫓아내고 압록강가의 땅을 고려에게 돌려준다면, 어찌 거란과 ❼교류하지 않겠는가."

소손녕은 서희의 말에 고개를 끄덕였어. 얼마 뒤, 거란은 압록강가의 땅을 고려의 것이라 인정한 뒤, 군대를 되돌렸어. 서희의 담판이 거란의 침입으로부터 고려를 구해 낸 거야.

이후 서희는 압록강 동쪽의 여진을 몰아내고 강동 6주를 설치했어. 고려는 서희의 말로 거란을 물리쳤을 뿐만 아니라 땅까지 넓힐 수 있었지.

역사 사전

송나라
당나라를 이어 중국을 통일한 나라야. 고려는 송나라와 적극적으로 교류하며 송나라의 문화를 받아들이려고 했어.

용선생 키워드 서희 거란 강동 6주

❻ **국경** 나라와 나라의 영역을 가르는 경계. ❼ **교류하다** 다른 곳에 사는 사람들이 서로 물건이나 의견을 주고받다.

1 중심 내용

이 글을 읽고 다음 문장에 들어갈 알맞은 낱말을 골라 ○표 해 보세요.

고려의 (**김춘추** / **서희**)는 소손녕과 담판을 벌여 고려에 쳐들어온 거란군을 물러나게 했다.

2 내용 이해

이 글의 내용과 일치하지 않는 것은 무엇인가요? (　　　)

① 서희는 거란의 장군 소손녕과 담판을 벌였다.

② 거란이 많은 군사들을 이끌고 고려에 쳐들어왔다.

③ 서희가 거란에 항복해 전쟁을 끝내자고 주장했다.

④ 소손녕은 서희에게 고려가 거란을 멀리하는 까닭을 따졌다.

3 인물 이해

이 글을 읽고 서희의 주장으로 알맞은 것을 모두 선으로 이어 보세요.

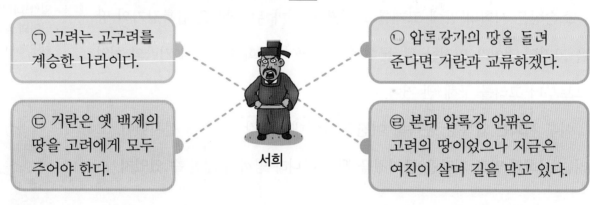

㉠ 고려는 고구려를 계승한 나라이다.

㉡ 압록강가의 땅을 돌려 준다면 거란과 교류하겠다.

㉢ 거란은 옛 백제의 땅을 고려에게 모두 주어야 한다.

㉣ 본래 압록강 안팎은 고려의 땅이었으나 지금은 여진이 살며 길을 막고 있다.

4 지도 읽기

다음 지도의 빈칸에 들어갈 알맞은 낱말을 써 보세요.

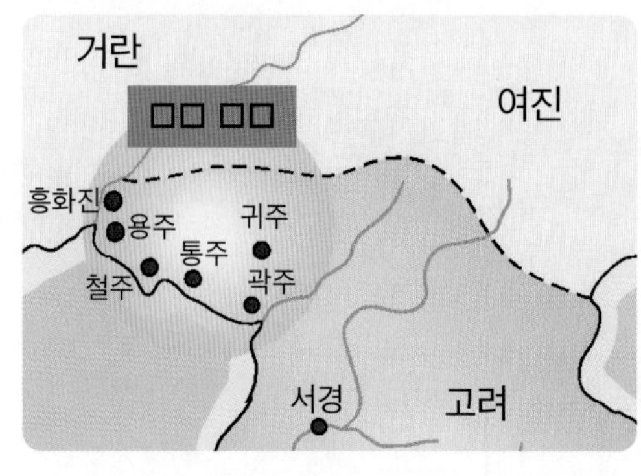

서희는 압록강 동쪽의 여진을 몰아내고 □□ □□를 설치했다.

5 핵심 정리

빈칸을 채우며, 이 글의 내용을 정리해 보세요.

거란	
대표	소손녕
주장	옛 고구려의 땅은 거란의 것이다.
	고려는 ㉡ ☐☐ 을 멀리하고 송나라만 섬긴다.

↔

고려	
대표	서희
주장	고려는 ㉠ ☐☐☐ 를 계승한 나라이다.
	압록강가의 땅을 고려에 돌려준다면 거란과 교류하겠다.

결론	서희는 거란을 물리치고, 압록강 동쪽에 강동 6주를 설치했다.

6 어휘 복습

뜻풀이에 알맞은 낱말을 골라 ○표 해 보세요.

(1) 이야기를 나누어 옳고 그름을 따짐. .... (**결정** / **담판**)

(2) 나라와 나라의 영역을 가르는 경계. .... (**국경** / **한계**)

(3) 다른 곳에 사는 사람들이 서로 물건이나 의견을 주고받다. ...... (**교류하다** / **단절하다**)

7 어휘 적용

밑줄 친 낱말이 잘못 쓰인 문장을 골라 보세요. ( )

① 시언이는 친구들에게 거만하게 굴었다.

② 사건이 터지자 선생님의 표정이 하얗게 질렸다.

③ 백제는 일본을 침범해 선진 문화를 전해 주었다.

④ 경주 양동 마을 사람들은 지금도 전통을 계승하며 살아가고 있다.

15

강감찬, 위기의 고려를 구하라!

나도 강감찬처럼 지혜로운 사람이 되고 싶어! 강감찬은 어떻게 거란군을 물리쳤을까?

거란은 강동 6주를 내놓으라고 요구하며 또다시 전쟁을 일으켰어.

"폐하, 거란의 소배압 장군이 10만 군사를 이끌고 쳐들어오고 있습니다!"

"강감찬 장군, 이번 거란과의 전쟁을 그대에게 맡기겠소."

고려의 왕 현종은 믿음직한 눈빛으로 강감찬을 바라보았어. 강감찬은 다른 사람에 비해 작은 ❶체격과 ❷초라한 외모를 지녔지만 그의 용감함은 아무도 따라잡을 수 없었거든.

강감찬은 곧장 군사를 이끌고 흥화진으로 나아갔어. 그리고 부하들에게 소가죽을 가져오라고 일렀지.

"소가죽을 ❸꿰매 냇가의 물을 막아라."

"장군, 무슨 까닭으로 냇물을 막으라 하시는 것입니까?"

"거란군이 이곳에 이르면 소가죽으로 막고 있던 냇물을 터뜨려 적을 혼란스럽게 만들 것이다. 그때 기습 공격을 하자!"

이윽고 거란군이 고려군이 숨어 있는 냇가에 이르렀어. 군사들은 숨을 죽인 채 강감찬의 명령을 기다렸지. 이때 강감찬이 큰 소리로 외쳤어.

"냇물을 터뜨려라!"

"으악! 고려군의 기습이다!"

순식간에 불어난 냇물이 거란군을 덮쳤어. 고려는 혼란에 빠진 거란군을 공격해 큰 승리를 거두었지.

소배압은 큰 피해를 입고도 전쟁을 멈추지 않았어. 그는 남은 거란군을 모아 개경 근처까지 쳐들어갔지. 하지만 소배압은 개경이 잘 방어되어 있

역사 사전

흥화진과 귀주

흥화진은 오늘날 평안북도 의주, 귀주는 평안북도 구성군 일대에 위치해 있어. 두 곳 모두 서희의 담판으로 차지한 강동 6주에 속해 있어.

❶ **체격** 몸의 외관적인 상태. ❷ **초라하다** 겉모습이 낡고 헐어 보잘 것 없다. ❸ **꿰매다** 해지거나 뚫어진 곳을 바느질로 깁다.

는 모습을 보고 후퇴를 명령했어.

그러자 강감찬은 고려의 모든 군사들을 귀주로 모은 뒤 거란과 최후의 전투를 벌였어.

"다시는 거란군이 고려에 쳐들어올 생각을 하지 못하도록 모조리 쓸어 버려라!"

"네! 살아서 고려를 빠져나가는 거란군이 한 명도 없도록 하겠습니다!"

고려는 귀주에서 거란군과 ❹엎치락뒤치락하며 한참이나 맞서 싸웠어.

"윽, 도저히 고려군을 당해 낼 수 없구나."

마침내 고려는 거란과 치열한 싸움 끝에 큰 승리를 거두었어. 고려에 쳐들어온 10만 명의 거란군 중 살아 돌아간 자는 수천 명밖에 되지 않았지. 이처럼 고려가 귀주에서 거란군과 맞서 크게 승리한 전투를 귀주 ❺대첩이라고 해.

거란은 귀주 대첩에서의 ❻패배 이후 더 이상 고려에 쳐들어오지 않았고, 고려는 한동안 ❼평화를 유지할 수 있었어.

강감찬 귀주 대첩

❹ **엎치락뒤치락하다** 양쪽이 비슷하게 겨뤄 나가다. ❺ **대첩** 크게 이긴 전쟁. ❻ **패배** 겨루어서 짐. ❼ **평화** 전쟁이나 갈등 없이 평안함.

독해 학습

1 중심 내용

이 글을 읽고 알맞은 선을 그어 중심 문장을 완성해 보세요.

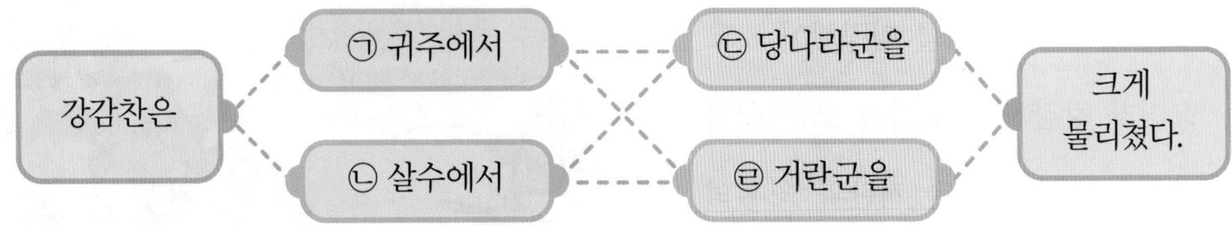

2 내용 이해

이 글의 내용과 일치하면 O표, 일치하지 않으면 X표 해 보세요.

(1) 강감찬은 큰 키와 잘생긴 외모를 지녔다. (　　)

(2) 거란이 고려에 강동 6주를 내놓으라고 요구했다. (　　)

(3) 현종은 강감찬에게 거란군을 막으라고 명령했다. (　　)

3 추론

이 글을 읽고 다음 그림 이후에 벌어질 일로 알맞은 것은 무엇인가요? (　　)

소가죽을 꿰매 냇가의 물을 막아라!
왜 냇물을 막는 거지?

① 거란군은 냇가의 물이 마른 것을 보고 놀라 도망쳤다.

② 고려군은 냇물을 터뜨려 거란군을 혼란스럽게 만들었다.

③ 고려군은 냇물을 가두어 군사들이 마실 물을 충분히 모았다.

④ 고려군은 큰 호수를 만들어 거란군이 넘어오지 못하게 막았다.

4 내용 이해

이 글을 읽고 일이 일어난 순서대로 기호를 써 보세요.

㉠ 소배압이 10만 군사를 이끌고 고려에 쳐들어왔다.	㉡ 강감찬이 귀주에서 거란군과 싸워 큰 승리를 거두었다.	㉢ 강감찬이 흥화진에서 거란군과 싸워 큰 승리를 거두었다.	㉣ 소배압은 개경이 잘 방어된 모습을 보고 후퇴했다.

(㉠) ➡ (　　) ➡ (　　) ➡ (　　)

▶ 정답과 풀이 9쪽

5 빈칸을 채우며, 이 글의 내용을 정리해 보세요.

핵심 정리

거란은 강동 6주를 내놓으라고 요구하며 또다시 고려에 쳐들어왔다.

㉠ [ ][ ][ ] 은 군사를 이끌고 귀주에서 거란을 크게 물리쳤는데,

이를 ㉡ [ ][ ] [ ][ ] 이라고 한다.

어휘 학습

6 낱말의 알맞은 뜻을 찾아 선으로 이어 보세요.

어휘 복습

(1) 대첩 •　　• ① 겨루어서 짐.

(2) 패배 •　　• ② 크게 이긴 전쟁.

(3) 평화 •　　• ③ 전쟁이나 갈등 없이 평안함.

7 빈칸에 공통으로 들어갈 알맞은 낱말을 골라 보세요. (　　　)

어휘 적용

- 살수 [　　　]: 612년, 고구려의 을지문덕이 살수에서 수나라군과 맞서 싸워 크게 이긴 전쟁.
- 귀주 [　　　]: 1019년 고려의 강감찬이 귀주에서 거란군과 맞서 싸워 크게 이긴 전쟁.

① 대첩　　② 체격　　③ 패배　　④ 평화

키워드 찾기 대작전!

▶ 정답 17쪽

각각의 빈칸에 들어갈 키워드를 아래 글자판에서 찾아 동그랗게 묶고, 해당 번호를 써 보세요.

❶ 궁예는 송악에 터를 잡고 ○○○○를 세웠어.
❷ 후고구려와 후백제, 신라가 힘을 겨루던 시대를 ○○○ ○○라고 해.
❸ 왕건은 궁예를 몰아내고 ○○를 세웠어.
❹ 고려는 ○○에서 후백제와 싸워 크게 이겼어. 그리고 후백제와의 경쟁에서 앞서가게 되었지. └→ 오늘날 안동 지역.
❺ 고려는 서희의 담판으로 ○○의 침입을 막아 낼 수 있었어.
└→ 랴오허강 상류에 살던 유목 민족, 훗날 야율아보기가 나라를 세움.
❻ 서희는 압록강 동쪽의 여진을 몰아내고 ○○ ○○를 설치했어.
흥화진, 용주, 철주, 통주, 귀주, 곽주 등을 말함. ←┘
❼ 강감찬이 귀주에서 거란군과 싸워 크게 이긴 전투를 ○○ ○○이라고 해.

당	수 ❶	후	고	구	려
후	강	동	6	주	거
귀	삼	김	해	란	후
공	주	국	고	창	백
고	산	대	시	경	제
려	졸	본	첩	대	주

고려청자의 푸른 빛깔이 참 아름답지?
쓰임새도 얼마나 다양한데!
이번에는 고려의 독창적인 문화유산을 만나러 가 보자!

1085년 의천, 송나라로 유학을 떠남

1104년 별무반 설치

1107년 동북 9성을 쌓음

1135년 묘청의 난

회차	학습 내용	핵심 키워드	교과 연계	학습 계획일
16	꼬레아! 고려의 국제 무역항 **벽란도**	☆ 벽란도 ☆ 코리아	【사회 5-2】 1. 옛사람들의 삶과 문화 ② 독창적 문화를 발전시킨 고려	월 일
17	스님이 된 고려의 왕자, **의천**	☆ 의천 ☆ 천태종	【사회 5-2】 1. 옛사람들의 삶과 문화 ② 독창적 문화를 발전시킨 고려	월 일
18	고려에 번진 **청자**의 푸른 빛	☆ 고려청자 ☆ 상감 기법	【사회 5-2】 1. 옛사람들의 삶과 문화 ② 독창적 문화를 발전시킨 고려	월 일
19	여진족을 물리치기 위한 **윤관**의 전략	☆ 윤관 ☆ 별무반 ☆ 동북 9성	【사회 5-2】 1. 옛사람들의 삶과 문화 ② 독창적 문화를 발전시킨 고려	월 일
20	**묘청**, 서경으로 수도를 옮겨라!	☆ 묘청 ☆ 서경 ☆ 김부식	【사회 5-2】 1. 옛사람들의 삶과 문화 ② 독창적 문화를 발전시킨 고려	월 일
역사 놀이터	키워드로 비밀 숫자 찾기!			

16

우리나라의 영어 이름이 왜 코리아인지 궁금해? 내가 그 비밀을 알려 줄게!

꼬레아! 고려의 국제 무역항 벽란도

춘삼이는 벽란도에 살아. 벽란도는 예성강 ❶하구에 있는 항구인데, 바다를 건너 개경에 들어오려는 사람들은 모두 벽란도를 거쳐야 했지.

벽란도는 세계 여러 나라 사람들이 교류하러 오는 고려의 국제 ❷무역항이야. 송나라, 일본, ❸아라비아 등 외국에서 많은 상인들이 벽란도로 찾아와 고려의 ❹특산품을 사고, 자신이 가져온 물건들을 팔았어.

춘삼이는 벽란도에서 종이와 먹, 그리고 붓을 팔아. 고려의 종이는 매우 ❺질기고 튼튼해 송나라 상인들에게 인기가 많지.

"질 좋은 고려의 종이와 먹입니다! 붓도 있어요! 종이는 100장밖에 남지 않았으니 빨리들 오세요!"

"어이쿠, 빨리 사야겠군! 나도 종이 10장만 주시게."

춘삼이는 오늘따라 벽란도에 많이 온 송나라 상인들 덕분에 가져온 물건을 모두 팔고 장사를 일찍 끝낼 수 있었어. 그리고 여유를 즐기기 위해 벽란도 구경에 나섰지.

"송나라에서 온 비단일세! 아주 곱다네. 이것 좀 보게나."

고려의 귀족들은 송나라의 ❻비단을 무척 좋아했어. 그래서 송나라 상인들은 고려에 비단을 가져와 팔았지. 이들은 비단뿐만 아니라 약재, 책, 차 등도 함께 팔았어.

"고려의 명품 인삼이오! 이 인삼을 먹으면 100살까지 건강하게 살 수 있소!"

"반짝반짝 빛나는 고려의 금과 은도 사세요!"

❶ **하구** 강물이 바다로 흘러 들어가는 곳. ❷ **무역항** 다른 나라와 무역을 할 수 있게 만든 항구. ❸ **아라비아** 사우디아라비아, 쿠웨이트 등 오늘날 아시아 서남부 지역. ❹ **특산품** 어떤 지역에서 특별히 생산되는 물건. ❺ **질기다** 쉽게 끊어지지 않고 견디는 힘이 세다. ❻ **비단** 명주실로 짠 천. 부드럽고 윤기가 난다.

고려의 금, 은, 인삼 등은 외국 상인들에게 인기가 많았어. 인삼은 오래전부터 우리나라의 특산품이었고, 금과 은은 다른 나라보다 ⑦저렴했기 때문이지.

"아라비아 상인도 벽란도에 왔다던데 어디 있을까? 앗, 저기 있다!"

멀리 아라비아에서 온 상인들도 종종 벽란도에 찾아왔어. 이들은 고려에서는 볼 수 없는 산호나 ⑧향료, 보석들을 가져와 팔고, 고려의 금과 은을 사 갔지.

"가져온 향료가 꼬레아에서 인기가 많구나."

아라비아 사람들은 고려를 '꼬레아' 등으로 불렀어. 오늘날 대한민국의 영어 이름인 '코리아'도 이 '꼬레아'에서 비롯된 말이야.

벽란도 코리아

⑦ **저렴하다** 물건의 값이 싸다. ⑧ **향료** 향기를 내는 데 쓰는 물질.

독해 학습

1 중심 내용

이 글을 읽고 다음 문장에 들어갈 알맞은 말을 골라 ○표 해 보세요.

고려의 (**벽란도** / **울산항**)는(은) 여러 나라 사람들이 교류하러 오는 국제 무역항이다.

2 내용 이해

이 글을 읽고 친구들이 잘못 말한 낱말을 찾아 바르게 고쳐 보세요.

(1) 벽란도는 낙동강 하구에 위치한 고려의 무역항이야.

잘못된 낱말: ____________ ➡ 고친 낱말: ____________

(2) 벽란도에는 당나라, 일본, 아라비아 등 외국 상인들이 찾아왔어.

잘못된 낱말: ____________ ➡ 고친 낱말: ____________

3 내용 이해

이 글의 상인들이 어떤 생각을 했을지 예상해 보고 선으로 이어 보세요.

(1) 고려 상인 • • ㉠ 꼬레아! 향료와 보석을 팔고 금과 은을 사 가셨어!

(2) 송나라 상인 • • ㉡ 우리나라의 인삼은 외국 상인들에게 인기 만점이지!

(3) 아라비아 상인 • • ㉢ 고려의 종이를 사고, 비단과 책을 팔 거야.

4 추론

이 글을 읽고 다음 질문에 대한 대답으로 알맞은 것을 골라 보세요. (   )

우리나라의 영어 이름은 '코리아'야! 이 이름은 어디에서 비롯된 말일까?

① 일본이 우리나라에 바친 영어 이름이다.
② 왕건이 쓰기 좋고 말하기 쉬운 영어 이름을 만들었다.
③ 아라비아 상인들이 고려를 '꼬레아'라고 부른 데서 비롯되었다.
④ 단군왕검이 중국으로 보낸 문서 속에 쓰인 나라 이름에서 비롯되었다.

5 핵심 정리

빈칸을 채우며, 이 글의 내용을 정리해 보세요.

벽란도는 예성강 하구에 위치한 고려의 국제 ㉠ [ ][ ][ ] 이다. 벽란도에는 송나라, 일본, ㉡ [ ][ ][ ][ ] 등 세계 여러 나라의 상인들이 찾아와 교류했다.

어휘 학습

6 어휘 복습

뜻풀이에 알맞은 낱말을 골라 ○표 해 보세요.

(1) 강물이 바다로 흘러 들어가는 곳. ······(**상류** / **하구**)

(2) 어떤 지역에서 특별히 생산되는 물건. ······(**신제품** / **특산품**)

(3) 사우디아라비아, 쿠웨이트 등 오늘날 아시아 서남부 지역. ······(**아라비아** / **아메리카**)

7 어휘 적용

보기에서 알맞은 낱말을 찾아 밑줄 친 말을 바꾸어 써 보세요.

보기	대첩	무역항	비단	향료

(1) 담임 선생님의 목소리는 <u>명주실로 짠 천</u>같이 부드럽다.

➡ 담임 선생님의 목소리는 (　　　　　)같이 부드럽다.

(2) 15세기 무렵 유럽에서는 후추와 같은 <u>향기를 내는 데 쓰는 물질</u>의 수요가 늘었다.

➡ 15세기 무렵 유럽에서는 후추와 같은 (　　　　　)의 수요가 늘었다.

17

스님이 된 고려의 왕자, 의천

가족들의 반대를 물리치고 훌쩍 떠나 버린 의천! 의천은 어디로 갔을까?

어느 날, 고려의 왕 문종은 여러 아들들을 모아 놓고 말했어.

"너희들 중 누가 스님이 되어 부처님을 모시겠느냐?"

그러자 문종의 넷째 아들인 왕후가 손을 번쩍 들었어.

"폐하, 제가 스님이 되겠습니다."

왕후는 열한 살의 나이에 스님이 되어 '의천'이라는 새로운 이름을 얻었어. 의천은 스님이 된 뒤 불교뿐만 아니라 유학, 역사 등 다양한 ❶학문을 공부해 몇 년 만에 고려에서 가장 뛰어난 스님이 되었지. 하지만 의천은 여전히 자신의 공부가 부족하다고 생각했어. 그래서 불교가 발전한 송나라에 유학을 가기로 마음먹었지.

"송나라에서 불교를 공부할 수 있도록 허락해 주십시오."

"안 됩니다! 왕자님을 함부로 외국에 보낼 수는 없습니다."

신하들은 송나라로 유학을 가겠다는 의천의 말에 깜짝 놀라며 반대했어. 의천의 어머니와 형제들까지 반대했지.

역사 사전

유학
공자와 그 제자들의 가르침을 연구하는 학문이야.

'불교를 더 공부하려면 송나라로 가야 해!'

결국 의천은 몰래 배를 타고 송나라로 떠났어. 의천은 그곳에서 훌륭한 스님들을 만나고 ❷희귀한 불교 책도 많이 읽었지.

"송나라에 온 ❸보람이 있구나. 내가 공부한 바를 고려에도 알려야겠다."

의천은 수천 권의 불교 책을 가지고 고려로 돌아왔어.

❶ **학문** 어떤 분야를 체계적으로 배워서 익힘. 또는 그런 지식. ❷ **희귀하다** 드물어서 특이하거나 매우 귀하다. ❸ **보람** 어떤 일을 한 뒤에 얻어지는 좋은 결과나 만족감.

의천이 돌아왔을 때 고려의 불교는 여러 ❹종파로 나뉘어 맞서고 있었어.

"오직 ❺불경 속에 답이 있습니다. 불경을 공부해야 부처님의 말씀을 깨달을 수 있습니다."

"말도 안 되는 소리! 참선을 통해 마음을 갈고닦아야지 부처님의 깨달음을 얻을 수 있는 법입니다."

스님들은 부처님의 깨달음을 얻는 방법을 두고 자신이 옳다고 주장하며 서로 다퉜어. 의천은 스님들의 다툼을 없애고 나누어진 불교의 종파를 하나로 모으고자 했지.

"부처님의 깨달음을 얻기 위해서는 불경 공부뿐만 아니라, 마음을 갈고닦는 ❻수행도 함께 해야 하오. 나는 모든 불교의 종파를 아우르는 천태종을 세워 고려의 불교를 하나로 모을 것이오."

의천은 천태종을 중심으로 불교의 여러 종파들을 하나로 모았어. 이 같은 의천의 노력으로 고려의 불교는 더욱 크게 발전할 수 있었지.

역사 사전

참선
깨달음을 얻기 위해 마음을 갈고닦아야 한다는 불교의 수행 방법이야.

의천 천태종

❹ **종파** 같은 종교의 갈린 갈래. ❺ **불경** 부처님의 가르침을 적은 책. ❻ **수행** 부처의 가르침을 실천하는 데 힘씀.

1 중심 내용

이 글을 읽고 초성을 참고해 다음 문장의 빈칸을 채워 보세요.

고려의 왕자 의천은 | ㅅ | ㄴ | ㄹ | 에 유학을 다녀온 뒤, 고려의 불교를 하나로 모았다.

2 내용 이해

이 글을 읽고 다음 문장에 알맞은 낱말을 골라 ○표 해 보세요.

(1) 의천은 고려의 왕자 (**궁예** / **왕후**)가 스님이 되어 얻은 이름이다.

(2) 신하들은 송나라로 유학 가겠다는 의천의 말에 (**반대** / **찬성**)했다.

(3) 의천은 송나라에서 수천 권의 (**불교** / **요리**) 책을 가지고 고려에 돌아왔다.

3 내용 적용

의천의 일생을 영화로 만들었어요. 빈칸에 들어갈 장면을 골라 보세요. (　　　)

고려의 왕자,
스님이 되다.
?
고려의 불교 종파를
하나로 모으다.

① 거란의 장수와 담판을 벌이다.

② 스스로 미륵 부처라고 주장하다.

③ 불교를 공부하기 위해 송나라로 떠나다.

④ 해골에 고인 물을 마시고 깨달음을 얻다.

4 추론

두 스님의 대화를 듣고 의천이 했을 생각으로 알맞은 것은 무엇인가요? (　　　)

수재 스님: 불경을 읽고 공부해야 부처님의 말씀을 깨달을 수 있소!
영심 스님: 무슨 소리? 참선을 통해 마음을 갈고닦는 것이 우선이오!

① 전국 방방곡곡에 절을 지어야겠어.

② 백성들에게 불교를 널리 퍼뜨려야겠어.

③ 부처님의 말씀을 노래로 만들어야겠어.

④ 불교의 여러 종파들을 하나로 모아야겠어.

5 빈칸을 채우며, 이 글의 내용을 정리해 보세요.

핵심 정리

고려의 왕자 왕후는 ㉠ [ ][ ] 스님이 되었다.

⬇

그는 송나라로 유학을 가 불교를 공부했다.

⬇

고려에 돌아와 ㉡ [ ][ ][ ] 을 세워 나누어졌던 불교의 여러 종파들을 하나로 모았다.

6 낱말의 알맞은 뜻을 찾아 선으로 이어 보세요.

어휘 복습

(1) 학문 •　　　• ① 같은 종교의 갈린 갈래.

(2) 종파 •　　　• ② 부처님의 가르침을 적은 책.

(3) 불경 •　　　• ③ 어떤 분야를 체계적으로 배워서 익힘. 또는 그런 지식.

7 밑줄 친 낱말의 뜻이 다음과 같은 것을 골라 보세요. (　　　)

어휘 적용

어떤 일을 한 뒤에 얻어지는 좋은 결과나 만족감.

① 역사학은 역사를 연구하는 학문이다.

② 스님은 오랜 수행 끝에 깨달음을 얻었다.

③ 가톨릭교는 크리스트교 종파 중 하나이다.

④ 선생님은 자신의 직업에 큰 보람을 느꼈다.

18

고려에 번진 청자의 푸른 빛

나도 빛깔 고운 고려청자를 갖고파! 상감 기법으로 제작된 고려청자는 어떻게 만드는 걸까?

파도가 ❶넘실대는 푸른 바다 위, 연이와 아버지가 탄 배가 청자를 잔뜩 싣고 강진을 떠나 개경으로 향했어.

"아버지, 우리가 만든 청자를 사람들에게 얼른 보여 주고 싶어요!"

"그러게 말이다. 우리가 최고의 ❷품질을 가진 청자를 만들기 위해 쏟아부은 노력을 사람들이 알아주었으면 좋겠구나."

"당연히 알 거예요! 이제 청자를 가장 먼저 만들었던 중국에서도 고려청자의 옥같이 곱고 푸른 비색은 천하제일이라며 인정해 주잖아요!"

"암, 고려청자의 맑은 비색은 어느 나라도 따라올 수 없지."

한참을 떠들던 연이와 아버지는 항구에 도착했어. 이들은 곧장 청자를 들고 개경의 귀족을 찾아갔지.

"청자를 가져왔다고 주인께 전해 주게."

"어르신께서 이미 기다리고 계십니다. 저를 따라오시지요."

연이와 아버지는 하인을 따라 귀족이 있는 방으로 갔어. 연이는 방으로 가는 길에 청자로 만든 꽃병, 의자, 베개를 보았지.

'찻잔, 주전자뿐만 아니라 의자, 베개와 같은 생활용품까지 모두 귀한 청자로 만들어졌잖아! 정말 아름다워!'

아버지는 방에 도착해 귀족에게 인사를 하고는 긴장된 얼굴로 청자가 들어 있는 상자를 건넸어. 귀족은 조심조심 상자 속에서 청자를 꺼내 천천히 살펴보았지.

"❸매병에 새겨진 학이 당장이라도 하늘로 날아갈 것 같구나!"

---

❶ **넘실대다** 물결이 자꾸 부드럽게 굽이쳐 움직이다. ❷ **품질** 물건의 좋고 나쁨을 다지는 성질. ❸ **매병** 입구가 좁고 어깨가 넓으며 밑이 홀쭉하게 생긴 병.

아버지는 귀족의 말에 긴장을 풀고 빙긋 웃었어. 그러고는 이 청자를 어떻게 만들었는지 설명해 주었지.

"이것은 ☆상감 기법❹으로 만든 청자입니다. 반만 ❺건조된 그릇의 표면에 무늬를 새긴 뒤 다른 색 흙으로 무늬를 메워 구워 내고 ❻유약을 발라 다시 구우면 이처럼 아름다운 무늬가 나타나지요. 상감 기법으로 만들어진 청자는 고려의 ❼독창적인 예술품입니다."

"참으로 아름답소. 그대들이 상감 청자를 만들기 위해 얼마나 많은 노력을 했는지가 느껴지오."

연이는 귀족의 말에 마음이 뿌듯해져 입이 귀에 걸리는지도 모르고 활짝 웃었어.

☆고려청자 ☆상감 기법

역사 사전

청자 상감 운학문 매병

청자의 몸통에는 구름과 학이 새겨져 있어. 원 안에는 하늘을 향해 날아가는 학과 구름이, 원 밖에는 아래쪽을 향해 내려가는 학과 구름이 있지. 청자 상감 운학문 매병은 간송 미술관에서 볼 수 있어.

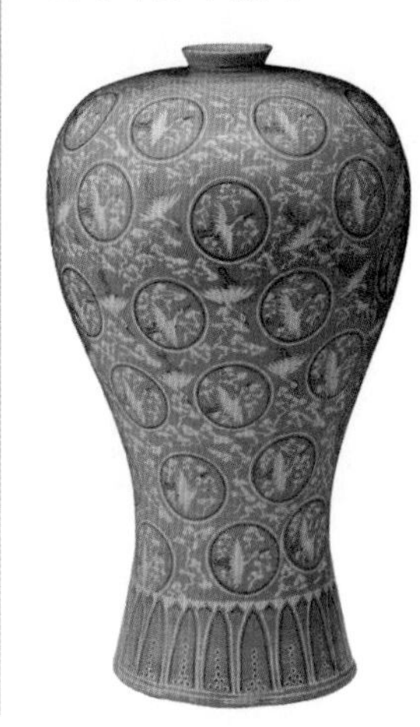

❹ **기법** 기술이나 솜씨와 방법을 아울러 이르는 말. ❺ **건조되다** 물기나 습기가 말라서 없어지다. ❻ **유약** 도자기의 몸에 덧씌우는 약. 겉면에 광택이 나게 한다. ❼ **독창적** 새로운 것을 처음으로 만들어 내거나 생각해 내는 것.

독해 학습

1 중심 내용

이 글을 읽고 다음 문장에 들어갈 알맞은 낱말을 골라 ○표 해 보세요.

고려청자는 (**상감** / **수묵**) 기법으로 만들어진 고려의 독창적인 예술품이다. 이 기법은 반만 건조된 그릇의 표면에 무늬를 새긴 뒤 다른 색 흙으로 무늬를 메워 구워 내고 유약을 발라 다시 굽는 방법이다.

2 자료 해석

다음에서 설명하는 도자기로 알맞지 <u>않은</u> 것은 무엇인가요? (　　　　)

도자기의 빛깔이 푸른 것을 고려인은 비색(翡色)이라고 한다. 근래에 들어 제작 기술이 정교해져 빛깔이 더욱 좋아졌다. 『고려도경』

①

②

③

④

3 내용 이해

이 글의 내용과 일치하는 것은 무엇인가요? (　　　　)

① 고려에서 가장 먼저 청자를 만들었다.

② 아라비아에서 고려청자의 비색을 칭찬했다.

③ 의자, 베개와 같은 생활용품도 청자로 만들어 사용했다.

④ 상감 기법으로 만들어진 청자는 일본의 독창적인 예술품이다.

4 빈칸을 채우며, 이 글의 내용을 정리해 보세요.

핵심 정리

고려를 대표하는 예술품인 고려 ㉠ ☐☐	
쓰임	찻잔, 주전자뿐만 아니라 의자, 베개 등 다양한 용도로 쓰였다.
상감 기법	반만 건조된 그릇의 표면에 무늬를 새긴 뒤 다른 색 흙으로 무늬를 메워 구워 내고 유약을 발라 다시 굽는 방법이다. 이 기법으로 만들어진 청자는 ㉡ ☐☐ 의 독창적인 예술품이다.

어휘 학습

5 낱말의 알맞은 뜻을 찾아 선으로 이어 보세요.

어휘 복습

(1) 유약 •　　• ① 기술이나 솜씨와 방법을 아울러 이르는 말.

(2) 매병 •　　• ② 입구가 좁고 어깨가 넓으며 밑이 홀쭉하게 생긴 병.

(3) 기법 •　　• ③ 도자기의 몸에 덧씌우는 약. 겉면에 광택이 나게 한다.

6 빈칸에 들어갈 낱말로 알맞은 것을 골라 보세요. (　　　)

어휘 적용

하다: 백남준의 작품은 기존에 볼 수 없었던 예술 작품인 것 같아.
영심: 맞아. TV 수십 개로 만든 작품이라니!
선애: 그의 작품은 실험적이고 ______________이야.

① 독창적　② 모방적　③ 실용적　④ 이기적

여진족을 물리치기 위한 윤관의 전략

윤관은 여진족을 물리치기 위해 군대를 만들었어. 윤관이 이끈 군대의 이름은 무엇일까?

고려는 북쪽에 살던 여진족 때문에 고민이 많았어. 여진족이 ❶번번이 고려의 ❷국경선을 넘어와 백성들을 괴롭혔기 때문이야.

고려는 여진족을 물리치기 위해 북쪽으로 군대를 보냈어. 하지만 그동안 자신들이 ❸깔보고 무시했던 여진족에게 크게 지고 말았지. 왕과 관리들은 고려군이 졌다는 소식에 무척 놀랐어.

"우리 고려군이 여진족과 싸워 지다니. 이게 말이 됩니까?"

"이번엔 ✩윤관을 보내 여진을 무찌르게 합시다!"

왕은 다시 한번 윤관에게 군사를 주어 여진족을 공격하게 했어. 하지만 믿었던 윤관마저 실패하고 말았지.

"또 여진족에게 지다니! 윤관, 어찌된 일이오?"

"폐하, 여진족 군사들은 말을 타고 싸우는 기병입니다. 하지만 고려의 병사들은 걸어 다니는 보병이니 그들과 싸워 이길 수가 없었습니다."

"그렇다면 우리가 어찌해야 여진족을 이길 수 있겠소?"

"고려도 기병을 중심으로 하는 특별한 군대를 만들어야 합니다."

윤관의 말에 왕은 고개를 끄덕였어. 그리고 여진족에 맞서 싸우기 위한 새로운 군대를 만들었는데, 이 군대를 특별한 군대라는 뜻으로 ✩별무반이라고 불러.

별무반에는 농민뿐만 아니라 귀족부터 상인, 노비까지 다양한 ❹계층의 사람들이 참여했어.

❶ **번번이** 매 때마다. ❷ **국경선** 나라와 나라의 영역을 가르는 경계선. ❸ **깔보다** 얕잡아 보다. ❹ **계층** 사회적 지위가 비슷한 사람들의 층.

별무반은 또 기병인 신기군을 중심으로 보병 부대인 신보군, 스님들을 모아 만든 항마군 등으로 구성되었어. 별무반은 [5]혹독한 훈련을 받아 강한 군대가 되었지.

"드디어 때가 되었군! 여진족에게 당한 패배를 되갚아 주자!"

마침내 윤관은 잘 훈련시킨 별무반을 이끌고 여진족을 공격했어.

"별무반이여! 여진족을 몰아내라!"

"으악! 고려군이 이렇게 빠르고 강했던가?"

윤관이 이끈 별무반은 백여 개의 마을을 무찌르고 수천 명의 여진족을 [6]포로로 잡는 등 큰 [7]성과를 올렸지.

"이곳에 성을 쌓아 고려의 땅으로 만들어라!"

윤관은 여진족을 몰아내고 그들이 살던 땅에 아홉 개의 성을 쌓아 북쪽으로 땅을 크게 넓혔어. 이렇게 윤관이 쌓은 성을 동북쪽에 쌓은 아홉 개의 성이라는 뜻에서 ☆동북 9성이라고 불러.

☆윤관 ☆별무반 ☆동북 9성

신기군

우린
무기를 들고
걸어 다니면서
싸우지!

신보군

항마군

[5] **혹독하다** 정도가 몹시 심하다. [6] **포로** 전쟁에서 사로잡은 적군. [7] **성과** 이루어 낸 결실.

독해 학습

1 중심 내용

이 글을 읽고 초성을 참고해 다음 문장의 빈칸을 채워 보세요.

윤관은 ㉠ | ㅂ | ㅁ | ㅂ | 을 만들어 ㉡ | ㅇ | ㅈ | ㅈ | 을 물리쳤다.

2 내용 이해

이 글을 읽고 다음 문장에 들어갈 알맞은 낱말을 골라 ○표 해 보세요.

(1) 고려 북쪽에 살던 (**여진족** / **우산국**)이 고려에 쳐들어왔다.

(2) 고려는 윤관의 의견에 따라 (**별무반** / **화랑**)을 만들었다.

(3) 윤관은 여진족을 몰아낸 뒤 (**동북 9성** / **만리장성**)을 쌓았다.

3 내용 이해

다음 별무반의 병사들이 속한 부대를 보기에서 찾아 써 보세요.

보기 삼별초 신기군 신보군 항마군

나는 걸어 다니며
씨우는 보병이야!

나라를 지키기 위해
스님도 창을 들었지!

여진족과 맞서기 위해
말을 탄 기병들이 필요해!

(1) ______________ (2) ______________ (3) ______________

4 내용 이해

이 글의 윤관이 다음과 같이 말한다면 그 까닭은 무엇인가요? (   )

기병을 중심으로 하는 특별한 부대를 만들어야겠어!

① 왕이 말 타는 것을 좋아했기 때문이다.

② 말을 키우는 데 돈이 적게 들었기 때문이다.

③ 왜구와 싸우는 데 기병이 유리했기 때문이다.

④ 여진족 군사들은 말을 타고 싸우는 기병이기 때문이다.

▶ 정답과 풀이 11쪽

5 핵심 정리

빈칸을 채우며, 이 글의 내용을 정리해 보세요.

고려가 여진족을 공격했으나 크게 지고 말았다.

⬇

고려의 장군 ㉠ [ ][ ] 은 기병을 중심으로 하는 별무반을 만들었다.

⬇

그는 여진족을 몰아낸 뒤, 그 땅에 ㉡ [ ][ ] [ ][ ] 을 쌓았다.

6 어휘 복습

낱말의 알맞은 뜻을 찾아 선으로 이어 보세요.

(1) 계층 • • ① 전쟁에서 사로잡은 적군.

(2) 포로 • • ② 사회적 지위가 비슷한 사람들의 층.

(3) 국경선 • • ③ 나라와 나라의 영역을 가르는 경계선.

7 어휘 적용

빈칸에 들어갈 알맞은 낱말을 보기 에서 찾아 문장을 완성해 보세요.

보기	번번이	성과	품질	혹독한

(1) 지난밤의 ______________ 추위로 우물이 꽁꽁 얼어붙었다.
└→ 정도가 몹시 심한.

(2) 우리나라는 올림픽에서 기대 이상의 ______________를 거두었다.
└→ 이루어 낸 결실.

20

묘청, 서경으로 수도를 옮겨라!

묘청이 우리 집도 좋은 땅인지 봐줬으면 좋겠어! 묘청은 왜 수도를 옮겨야 한다고 했을까?

고려의 왕 인종은 나라를 강하게 만들 방법을 고민했어. 인종이 나라를 다스릴 때 안으로는 반란이 일어나 사회가 혼란스러웠고, 밖으로는 여진족이 세운 금나라를 큰 나라로 섬겨야 했거든.

인종은 풍수지리에 매우 밝았던 묘청 스님에게 조언을 구했어.

"혼란스러운 사회를 안정시키고, 나라를 강하게 만들려면 어떻게 해야 하는가?"

"나라가 안팎으로 ❶어수선한 까닭은 수도인 개경의 ❷기운이 ❸다했기 때문입니다. 개경에 계속 머무른다면 나라가 망할 것입니다."

"그것이 사실인가? 그렇다면 어찌해야 하는가?"

"땅을 살펴보니 서경의 기운이 무척 좋습니다. 서경으로 ❹천도하기만 한다면 금나라가 고려에 스스로 항복할 것이며 주변 나라들도 모두 고려의 신하가 될 것입니다."

인종은 금나라를 이길 수 있다는 묘청의 말에 귀가 ❺솔깃했어.

"좋다. 우선 서경에 궁궐을 짓도록 하라."

인종은 서경에 새로운 궁궐을 짓고 여러 차례 머물렀어. 그런데 인종이 서경에 갈 때마다 안 좋은 일이 벌어졌지. 폭풍우가 불어 사람과 말이 다치기도 했고, 서경에 세운 궁궐에 벼락이 여러 번 떨어지기도 했어.

개경의 귀족들은 이때다 싶어 서경 천도 반대의 목소리를 높였어. 개경 귀족들의 대표였던 김부식이 나섰지.

역사 사전

풍수지리
산이나 강 등 지형이 인간과 사회에 좋거나 나쁜 영향을 준다고 보는 이론이야. 집이나 조상의 무덤, 나라의 수도를 정할 때 풍수지리를 이용했어.

서경
고려 시대에 평양을 부르던 명칭이야. 제2의 수도로 여겨질 만큼 중요한 곳이었어.

---

❶ **어수선하다** 마음이나 분위기가 안정되지 못하여 불안하고 어지럽다. ❷ **기운** 눈에는 보이지 않으나 다른 감각으로 느껴지는 현상. ❸ **다하다** 어떤 것이 끝나거나 남아 있지 않다. ❹ **천도하다** 수도를 옮기다. ❺ **솔깃하다** 그럴듯해 보여 마음이 쏠리다.

"폐하, 서경이 정말 좋은 땅이라면 이렇게 나쁜 일이 연달아[6] 벌어지겠습니까? 그리고 수도를 옮기는 것만으로 어찌 강한 금나라를 이길 수 있단 말입니까? 묘청의 거짓말을 믿지 마십시오."

결국 인종은 서경으로 천도하는 것을 포기했어. 그러자 묘청은 제 뜻을 굽히지 않고 서경에서 반란을 일으켰지.

"개경의 귀족들이 왕을 협박해 서경 천도를 막고 있다. 서경에 새 나라를 세워 우리의 힘을 보여 주자!"

인종은 묘청의 반란을 막기 위해 김부식에게 군대를 맡겼어. 김부식은 곧장 반란에 참여한 지역들을 항복시키며 서경으로 나아갔지.

얼마 뒤, 묘청은 동료의 배신으로 죽음을 맞이했어. 묘청이 죽은 뒤에도 반란은 수개월간 계속되었지만, 김부식의 총공격으로 진압되고[7] 말았지. 이렇게 서경으로 천도하려고 했던 묘청의 바람[8]은 실패로 끝나고 말았어.

❻ **연달다** 어떤 사건이나 행동 따위가 이어 발생하다. ❼ **진압되다** 강압적인 힘에 억눌려 진정되다. ❽ **바람** 어떤 일이 이루어지기를 기다리는 간절한 마음.

독해 학습

1 중심 내용

이 글의 중심 내용으로 알맞은 것은 무엇인가요? (　　　)

① 금나라를 세운 여진족　　② 개경 귀족들을 대표한 김부식

③ 서경에 새로운 궁궐을 지은 고려　　④ 서경 천도를 주장하며 반란을 일으킨 묘청

2 내용 이해

이 글의 내용과 일치하면 ○표, 일치하지 않으면 X표 해 보세요.

(1) 묘청은 개경의 기운이 다했기 때문에 서경으로 천도해야 한다고 했다. (　　　)

(2) 인종은 서경에 새로운 궁궐을 짓고 여러 차례 머물렀다. (　　　)

(3) 개경의 귀족들은 서경 천도를 주장하는 묘청의 말에 찬성했다. (　　　)

3 내용 이해

이 글의 인물들이 어떤 생각을 했을지 예상해 보고 선으로 이어 보세요.

(1) 
인종

(2) 
묘청

(3) 
김부식

㉠ 서경 천도만으로 어찌 금나라를 이긴단 말입니까?

㉡ 혼란스러운 사회를 안정시킬 방법이 없을까?

㉢ 폐하를 설득해 수도를 개경에서 서경으로 옮길 거야!

4 내용 적용

다음 기자의 질문에 대한 묘청의 대답으로 알맞은 것은 무엇인가요? (　　　)

결국 서경 천도에 실패했습니다. 앞으로 어떻게 하실 계획입니까?

① 서경이 아닌 더 좋은 땅을 찾아볼 생각입니다.

② 서경에서 반란을 일으켜 새 나라를 세울 것입니다.

③ 금나라에서 군대를 빌려 와 고려를 무너뜨리겠습니다.

④ 개경으로 가 끝까지 왕과 귀족들을 설득해 보겠습니다.

5 빈칸을 채우며, 이 글의 내용을 정리해 보세요.

핵심 정리

고려의 스님 ㉠ [ ] 은 인종에게 수도를 기운이 좋은 ㉡ [ ] 으로 옮겨야 한다고 주장했다. 그러나 김부식 등 개경 귀족들의 반대로 실패하자 서경에서 반란을 일으켰다.

어휘 학습

6 낱말의 알맞은 뜻을 찾아 선으로 이어 보세요.

어휘 복습

(1) 진압되다 •
(2) 천도하다 •
(3) 기운 •

• ① 수도를 옮기다.
• ② 강압적인 힘에 억눌려 진정되다.
• ③ 눈에는 보이지 않으나 다른 감각으로 느껴지는 현상.

7 밑줄 친 낱말이 잘못 쓰인 문장을 골라 보세요. (   )

어휘 적용

① 길거리에 봄의 따스한 기운이 가득했다.
② 몇 개월 동안 지속되었던 시위는 진압되었다.
③ 논의 끝에 과학실을 2층에서 3층으로 천도했다.
④ 우리의 바람은 아버지가 무사히 집으로 돌아오는 것이다.

키워드로 비밀 숫자 찾기!

▶ 정답 17쪽

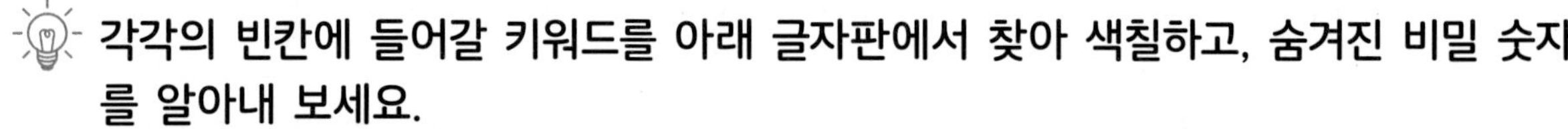

각각의 빈칸에 들어갈 키워드를 아래 글자판에서 찾아 색칠하고, 숨겨진 비밀 숫자를 알아내 보세요.

❶ 예성강 하구에 위치한 ○○○는 송나라, 일본, 아라비아 등 외국 상인들이 찾아와 교류하던 고려의 국제 무역항이야.

❷ 고려의 왕자 출신인 ○○은 불교의 종파를 아우르는 천태종을 만들었어.

❸ ○○○○는 푸른 빛깔을 띠는 자기로, 고려의 대표적인 예술품이야.

❹ 반만 건조된 그릇의 표면에 무늬를 새긴 뒤 다른 색 흙으로 무늬를 메워 구워 내고 유약을 발라 다시 굽는 방법인, ○○ 기법으로 만든 청자는 고려의 독창적인 예술품이지.

❺ 윤관은 여진족과 맞서 싸우기 위해 ○○○을 만들었어.

❻ 윤관이 여진족을 몰아내고 쌓은 성을 ○○ 9성이라 불러.

❼ 스님 ○○은 인종에게 서경으로 천도할 것을 주장했어.

상	감	고	육	주	벽
사	백	려	삼	국	란
의	천	청	란	군	도
원	삼	자	담	판	별
효	국	동	궁	예	무
묘	청	북	견	훤	반

▶비밀 숫자는 바로 ____________!

짠! 고려의 무신으로
변신해 보았는데, 어때?
고려 안팎에서 무슨 일이 일어났는지
알아보러 가 보자! 고고!

5주

- 1170년 무신 정변
- 1198년 만적의 난
- 1232년 처인성 전투
- 1236년 팔만대장경 제작 시작 (~1251년)
- 1270년 삼별초의 난

회차	학습 내용	핵심 키워드	교과 연계	학습 계획일
21	피로 권력을 차지한 **정중부**	✰ 정중부 ✰ 무신 정변	【사회 5-2】 1. 옛사람들의 삶과 문화 ② 독창적 문화를 발전시킨 고려	월 일
22	**만적**, 노비 없는 세상을 꿈꾸다	✰ 만적	【사회 5-2】 1. 옛사람들의 삶과 문화 ② 독창적 문화를 발전시킨 고려	월 일
23	몽골군에 맞서 싸운 스님, **김윤후**	✰ 김윤후 ✰ 처인성 ✰ 충주성	【사회 5-2】 1. 옛사람들의 삶과 문화 ② 독창적 문화를 발전시킨 고려	월 일
24	**팔만대장경**, 부처님의 힘으로 나라를 지키다	✰ 팔만대장경 ✰ 장경판전	【사회 5-2】 1. 옛사람들의 삶과 문화 ② 독창적 문화를 발전시킨 고려	월 일
25	**삼별초**, 몽골에 끝까지 저항하다!	✰ 삼별초 ✰ 진도 ✰ 제주도	【사회 5-2】 1. 옛사람들의 삶과 문화 ② 독창적 문화를 발전시킨 고려	월 일
역사 놀이터	**가로세로 키워드 찾기!**			

21

피로 권력을 차지한 정중부

헉! 화가 난 고려의 무신들이 문신들을 없앴어! 그들 사이에 무슨 일이 있었던 걸까?

고려의 왕 의종은 하루가 멀다 하고 자신이 ①총애하던 문신들과 잔치를 벌였어. 그럴 때마다 왕과 문신들을 지키던 무신들의 불만은 점점 더 커져만 갔지.

"배고파! 매번 잔치가 열릴 때마다 밥도 못 먹고 밤낮으로 서서 저들을 지켜야 하니 너무 힘들어."

"문신들에게 무시받는 것도 이젠 지겨워!"

고려의 무신이었던 정중부는 병사들의 불만을 묵묵히 바라보다가 답답한 마음에 잔치를 빠져나왔어. 이때 이의방과 이고가 정중부를 따라와 비밀스럽게 말했지.

"정중부 님, 언제까지 문신들을 ②뒤치다꺼리하며 살 겁니까? 우리도 권력을 잡아 저 문신들처럼 살아야 하지 않겠습니까?"

정중부는 당황해 한참이나 입을 떼지 않았어. 잠시 후 그는 이의방과 이고에게 은밀하게 말했지.

"보현원에서 반란을 일으킵시다."

다음날 의종은 고생한 무신들을 ③격려해 주기 위해 ④무술 시합을 열었어. 나이 많은 대장군과 젊은 무신이 시합을 겨뤘는데, 대장군이 지고 말았지. 그러자 대뜸 젊은 문신이 뛰어나와 대장군의 뺨을 세차게 때렸어.

"악!"

문신들은 이 ⑤광경을 보고 재미있다며 깔깔 웃었어. 무신들은 문신의 무례한 행동에 크게 화가 났어. 이고는 당장 칼을 뽑아 문신을 베려고 했지.

역사 사전

문신과 무신
문신은 문과 시험에 합격한 관리로, 공부하고 연구하던 학자들을 말해. 무신은 군사 일을 관리하는 신하들이야.

보현원
고려의 왕 의종이 연못을 만들어 놀던 곳이야. 의종은 이곳에서 신하들과 잔치를 자주 벌였어.

① **총애하다** 남달리 귀여워하고 사랑하다. ② **뒤치다꺼리하다** 뒤에서 일을 보살펴서 도와주다. ③ **격려하다** 용기나 기운이 솟아나도록 기운을 북돋워 주다. ④ **무술** 몸이나 무기를 써서 싸우는 기술. ⑤ **광경** 어떤 일이 벌어지는 모습.

그때 정중부는 칼을 휘두르려는 이고의 손을 꽉 잡으며 귓속말했어.

"저녁에 있을 큰일을 잊지 마시오."

마침내 저녁이 되었어. 왕과 문신들은 술에 잔뜩 취해 보현원에 도착했지. 그때 '와아아' 하는 소리와 함께 무신들이 문신들에게 덤벼들었어.

"우리를 무시한 문신들을 모두 없애자!"

"앞으로는 우리 무신들이 권력을 가질 것이다!"

정중부와 무신들은 난을 일으켜 문신들을 없애고 권력을 차지했어. 이렇게 무신들이 반란을 일으킨 사건을 ☆무신 정변❻이라고 해.

정변이 성공한 뒤, 정중부는 이의방을 없애고 고려 최고의 권력자가 되었어.

정중부는 나라를 잘 다스리기보다 자신의 주머니를 두둑하게❼ 만드는 데에 관심을 기울였어. 그래서 백성들의 땅을 마구 빼앗고, 많은 세금을 거두었지. 그러자 고려 백성들의 삶은 더더욱 힘들어졌어.

☆정중부 ☆무신 정변

❻ **정변** 반란이나 혁명으로 인해 나라를 다스리던 권력이 바뀌는 일. ❼ **두둑하다** 넉넉하거나 풍부하다.

1 중심 내용

다음의 열쇠를 보고 십자말풀이를 풀어 보세요.

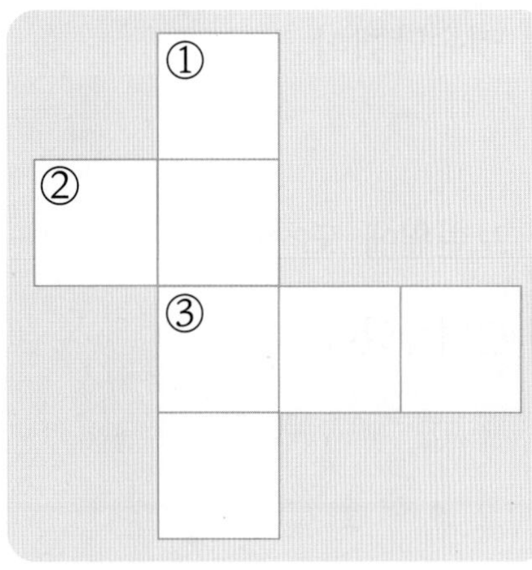

세로 열쇠

① 고려의 무신들이 문신을 죽이고 권력을 차지한 사건.

가로 열쇠

② 문과 시험을 합격한 관리.

③ 이의방을 죽이고 권력을 차지한 무신.

2 내용 적용

이 글을 읽고 빈칸에 들어갈 내용으로 알맞은 것을 골라 보세요. (　　　)

무신 정변 사건 일지

1. 과정

(1) ______________________

(2) 무신들이 난을 일으키고 고려의 권력을 차지했다.

① 묘청이 서경 천도를 주장했다.

② 왕건이 왕을 몰아내고 새 나라를 세웠다.

③ 윤관이 별무반을 이끌고 여진족을 공격했다.

④ 정중부, 이의방, 이고가 반란을 일으키기로 했다.

3 내용 이해

이 글을 읽고 밑줄 친 '이곳'은 어디인지 써 보세요.

정중부와 무신들은 이곳에서 난을 일으키고 권력을 차지했다.

____

4 내용 적용

다음 기자의 질문에 대한 백성의 대답으로 알맞은 것을 모두 골라 보세요. (　　,　　)

정중부가 권력을 차지한 뒤, 생활이 어떻게 변했습니까?
?

① 농사가 잘되어 백성들이 살기 좋아졌어요.

② 정중부가 백성들에게 많은 세금을 거두었어요.

③ 정중부가 백성들의 땅을 마구 빼앗아 살기 어려워졌어요.

④ 외국의 다양한 문물들을 쉽게 받아들일 수 있게 되었어요.

▶ 정답과 풀이 12쪽

5 핵심 정리

빈칸을 채우며, 이 글의 내용을 정리해 보세요.

정중부와 고려의 ㉠ [|] 들은 정변을 일으켜 권력을 차지했다. (무신정변)

⬇

정중부가 ㉡ [| |] 을 없애고 권력을 독차지했다.

⬇

정중부가 나라를 다스린 후 백성들의 삶은 힘들어졌다.

6 어휘 복습

뜻풀이에 알맞은 낱말을 골라 ○표 해 보세요.

(1) 남달리 귀여워하고 사랑하다. ·································· (**멀리하다** / **총애하다**)

(2) 몸이나 무기를 써서 싸우는 기술. ·· (**무술** / **학문**)

(3) 용기나 기운이 솟아나도록 기운을 북돋워 주다. ················ (**격려하다** / **고려하다**)

7 어휘 적용

빈칸에 공통으로 들어갈 낱말로 알맞은 것을 골라 보세요. (　　　)

선애: 어제 뉴스 봤어? 미얀마의 군인들이 ___________을 일으켜 무력으로 권력을 차지했대.

두기: 응. 국민들이 이에 맞서 반대 시위를 일으켰다고 하더라고.

하다: 그런데 ___________이 무슨 뜻이야?

선애: '반란이나 혁명으로 인해 나라를 다스리던 권력이 바뀌는 일'이란 뜻이야.

① 광경　　② 무술　　③ 정변　　④ 흉년

22 만적, 노비 없는 세상을 꿈꾸다

나는 모두가 차별받지 않는 세상을 꿈꿔! 그런데 노비 만적도 그런 세상을 꿈꿨다고?

최충헌이 고려 최고의 권력자가 되어 나라를 다스릴 때에 ❶노비 만적은 노비가 ❷차별받지 않는 세상을 꿈꿨어. 그래서 ❸동료 노비들을 불러 모은 뒤, 커다란 바위 위로 올라가 큰 소리로 외쳤지.

"무신 정변이 일어난 뒤, 신분이 천하더라도 높은 벼슬을 하는 사람들이 많이 나왔다. 장군과 재상이 어찌 태어날 때부터 정해져 있겠는가? 기회만 된다면 누구나 장군과 재상이 될 수 있다!"

만적의 말에 노비들은 깜짝 놀라 ❹술렁이기 시작했어. 만적은 그들을 향해 또 한 번 힘차게 외쳤지.

"언제까지 노비라는 이유로 뼈 빠지게 일만 하고 매서운 채찍을 맞으며 살 것인가?"

그의 말에 한 노비가 손을 들더니 질문했어.

"우리가 노비 신세에서 벗어날 방법이 있단 말인가?"

"이 땅에서 천민을 없애면 우리도 장군이나 재상이 될 수 있네!"

역사 사전

천민
고려에서 가장 낮은 신분으로 대부분 노비야. 노비들은 사람이 아닌 재산으로 취급되었어.

"만적의 말이 옳네! 매 맞으며 사는 것도 이젠 못 해 먹겠어!"

만적과 노비들은 난을 일으켜 자신들의 주인들을 없애고 노비 문서를 불태워 천민이 없는 세상을 만들기로 했어.

---

❶ **노비** 옛날에 남의 집이나 나라에 딸려 일을 하던 신분이 낮은 사람. ❷ **차별** 둘 또는 여럿 사이에 차이를 두어서 구별함. ❸ **동료** 일터나 단체에서 함께 일하는 사람. ❹ **술렁이다** 어수선하게 소란이 일다.

마침내 난을 일으키기로 한 날, 노비들이 하나둘씩 약속된 장소로 모여들었어. 그런데 만적의 표정은 점점 ⑤어두워졌지.

"만적, 겨우 수백 명밖에 모이지 않았네. 이제 어찌할 건가?"

"적어도 수천 명은 모여야 난을 성공시킬 수 있을 것인데……. 어쩔 수 없지. 난을 일으킬 날짜를 미루겠네!"

만적은 아쉬움을 삼키며 사람들에게 돌아가라고 말했어. 동시에 ⑥엄한 목소리로 경고를 하는 것도 잊지 않았지.

"비밀이 새어 나가지 않도록 다들 단단히 입조심하게!"

난을 일으킬 날짜가 미뤄지자 순정이란 노비는 두려워졌어.

'난이 성공할 수 있을까? 차라리 주인님께 이 사실을 알리고 혼자라도 살아남아야겠어!'

그날 밤, 순정은 주인에게 만적이 일으키려는 난에 대해 말했어. 깜짝 놀란 주인은 곧장 최충헌에게 달려가 순정의 말을 전했지.

"감히 노비들이 주인을 죽이려고 해? 순정에게는 상을 주고, 만적과 그 무리들은 모두 없애라!"

최충헌의 명령으로 만적과 노비들은 강물에 던져져 죽고 말았어. 만적이 꿈꾸던 노비 없는 세상도 ⑦물거품이 되고 말았지.

만적

⑤ **어두워지다** 우울하거나 걱정 어린 상태에 있게 되다. ⑥ **엄하다** 어떤 일이나 행동이 잘못되지 않도록 주의를 철저히 하다. ⑦ **물거품** 애써 한 일이 쓸모없게 된 상태를 빗대어 이르는 말.

독해 학습

1 중심 내용

이 글의 중심 내용을 바르게 말한 사람을 찾아 ○표 해 보세요.

㉠ 겁 많은 노비였던 순정

㉡ 고려 최고의 권력자 최충헌

㉢ 난을 일으키려 한 만적

2 인물 이해

이 글의 만적에 대한 설명으로 알맞은 것은 무엇인가요? (　　　)

① 서경으로 수도를 옮기자고 했다.
② 보현원에서 난을 일으키기로 했다.
③ 최충헌의 용서를 받아 살아남았다.
④ 누구나 장군이나 재상이 될 수 있다고 했다.

3 내용 적용

이 글의 만적을 인터뷰했어요. 빈칸에 들어갈 말로 알맞은 것은 무엇인가요? (　　　)

기자: 만적 님, 정말 노비도 장군이 될 수 있다고 생각하십니까?
만적: 이미 신분이 천하더라도 높은 벼슬을 한 사람들이 많이 나왔소.
　　________________ 노비도 장군이나 재상이 될 수 있소.

① 군대에 들어가 적을 많이 물리친다면
② 돈을 많이 모아서 최충헌에게 바친다면
③ 노비 문서를 불태우고 천민을 없앤다면
④ 공부를 열심히 해서 관리 시험에 합격한다면

4 내용 이해

이 글의 최충헌이 다음과 같이 말한다면 그 까닭은 무엇인가요? (　　　)

① 관리 시험에서 순정이 합격했기 때문이다.
② 순정이 최충헌에게 많은 돈을 바쳤기 때문이다.
③ 고려에 쳐들어온 적을 순정이 물리쳤기 때문이다.
④ 만적이 일으키려는 난을 순정이 알려 주었기 때문이다.

▶ 정답과 풀이 12쪽

5 빈칸을 채우며, 이 글의 내용을 정리해 보세요.

핵심 정리

보기 | 귀족 | 노비 | 만적 | 원효

노비 ㉠ ______________은 이 땅에서 천민을 없애면 누구나 장군과 재상이 될 수 있다고 주장했다. 그는 ㉡ ______________들을 모아 난을 일으키려 했으나 계획이 새어 나가게 되면서 죽음을 맞이하고 말았다.

어휘 학습

6 낱말의 알맞은 뜻을 찾아 선으로 이어 보세요.

어휘 복습

(1) 노비 •　　　　• ① 일터나 단체에서 함께 일하는 사람.

(2) 차별 •　　　　• ② 둘 또는 여럿 사이에 차이를 두어서 구별함.

(3) 동료 •　　　　• ③ 옛날에 남의 집이나 나라에 딸려 일을 하던 신분이 낮은 사람.

7 밑줄 친 낱말의 뜻이 다음과 같은 것을 골라 보세요. (　　　)

어휘 적용

애써 한 일이 쓸모없게 된 상태를 빗대어 이르는 말.

① 엄마는 오늘 회사 동료들과 함께 점심 식사를 했다.
② 놀이공원에 도착한 아이들은 잔뜩 들뜬 표정이었다.
③ 민수는 계획하던 일이 물거품으로 돌아갔지만 실망하지 않았다.
④ 학교 앞 문구점의 주인은 매일 아침 가게의 문을 열고 청소를 한다.

몽골군에 맞서 싸운 스님, 김윤후

강한 몽골군에 맞서 싸우다니, 정말 대단해! 스님 김윤후는 몽골군을 물리치기 위해 어떻게 했을까?

중국 북쪽의 몽골이 강한 군사를 앞세우며 고려에 쳐들어왔어. 고려 정부는 몽골에 맞서 수도를 강화도로 옮기고, 육지에 남은 백성들에게 ❶산성과 섬으로 도망가라고 명령했지.

또다시 몽골이 고려에 쳐들어오자 처인 부곡과 그 주변 지역의 백성들은 처인성으로 ❷피란을 갔어. 피란 온 사람들 중엔 스님 김윤후도 있었지.

김윤후는 백성들의 힘을 모아 성을 지켜 내야 한다고 생각했어. 그래서 백성들 앞으로 나가 큰 소리로 외쳤지.

"아무리 몽골군이 강하다고 하나, 죽음을 각오하고 싸운다면 충분히 이길 수 있습니다! 활과 창을 들어 우리 가족들을 지켜 냅시다!"

"좋습니다! 김윤후 님을 따르겠습니다!"

백성들은 김윤후의 외침에 큰 환호성을 질렀어. 이윽고 몽골군이 처인성에 쳐들어왔어. 그들은 매섭게 성을 공격했지만 목숨을 걸고 맞서 싸우는 고려의 백성들에게 밀려 성을 무너뜨리지 못했지.

"이 조그마한 흙성 하나를 못 무너뜨린단 말이냐?"

바로 그때였어. 처인성에서 쏜 화살이 몽골군 ❸사령관의 가슴 한가운데를 맞췄지.

"억!"

"사령관님! 사령관님께서 화살에 맞으셨다!"

몽골군은 사령관이 목숨을 잃자 황급히 처인성에서 물러났어. 군사 훈련을 제대로 받은 적 없는 백성들이 강한 몽골군을 막아 낸 거야!

역사 사전

부곡
고려 시대의 특수 행정 구역이야. 부곡의 백성들은 양인 신분이었지만 일반 군현의 백성들에 비해 많은 차별을 받아야만 했어.

❶ **산성** 산 위에 쌓은 성. ❷ **피란** 전쟁 같은 난리를 피해 옮겨감. ❸ **사령관** 군대를 지휘하고 다스리는 최고 지휘관.

20여 년 뒤, 김윤후가 관리가 되어 ✰충주성을 지킬 때였어. 몽골군이 또다시 고려에 쳐들어와 충주성을 공격했지. 몽골군의 ❹거센 공격은 70여 일이나 계속되었어. 그 사이 충주성에 쌓아 두었던 식량은 바닥이 나고, 백성들은 계속된 전투로 크게 지치고 말았지.

"남아 있는 ❺식량도 없는데 이제 어떻게 싸워."

"이젠 몽골에 항복해야 하지 않을까?"

김윤후는 충주성의 백성들을 한자리로 모았어. 그러고는 큰 소리로 외쳤지.

"누구든 온 힘을 다해 싸운다면 신분에 상관없이 벼슬을 줄 것이다. 죽을 각오로 적과 맞서 싸우자!"

김윤후는 노비 문서를 모아 불태우기 시작했어. 그 모습을 본 백성들은 그를 믿고 똘똘 뭉쳐 몽골군에 맞서 싸웠지. 김윤후는 전투 중 적에게서 빼앗은 물건도 고루 나눠 주며 백성들을 격려했어.

몽골군은 성이 무너질 ❻기미가 보이지 않자 충주성을 포기하고 돌아가 버렸어. 김윤후의 용감함이 몽골군으로부터 백성들을 지켜 낸 거야.

신분에 상관없이
온 힘을 다해 싸우면
벼슬을 줄 것이다!
싸울 기운이
샘솟아!
노비
노비
김개똥
이돌쇠

역사 사전

처인성과 충주성
처인성은 오늘날 경기도 용인에 있던 성이고, 충주성은 충청북도 충주에 있던 성이야.

용선생 키워드 ✰김윤후 ✰처인성 ✰충주성

❹ **거세다** 기세가 몹시 거칠고 세차다. ❺ **식량** 살기 위해 필요한 사람의 먹을거리. ❻ **기미** 일이 되어가는 분위기.

독해 학습

1 중심 내용

이 글을 읽고 초성을 참고해 다음 문장의 빈칸을 채워 보세요.

고려의 | ㄱ | ㅇ | ㅎ | 는 처인성과 충주성에서 몽골군의 침입을 막아 내었다.

2 내용 이해

이 글을 읽고 일이 일어난 순서대로 기호를 써 보세요.

㉠ 김윤후가 충주성에서 몽골군과 맞서 싸웠다.

㉡ 몽골이 침입하자 고려는 강화도로 수도를 옮겼다.

㉢ 김윤후가 몽골군을 피해 처인성으로 피했다.

㉣ 몽골군 사령관이 처인성을 공격하다 목숨을 잃었다.

(㉡) ➡ (　　) ➡ (　　) ➡ (　　)

3 지도 읽기

다음 지도에서 ㉠, ㉡에 대한 설명으로 알맞지 <u>않은</u> 것은 무엇인가요? (　　　)

① ㉠: 이곳에서 몽골군 사령관이 죽었다.

② ㉠: 김윤후가 몽골군을 피해 피란했던 성이다.

③ ㉡: 고려가 몽골군을 피해 수도를 옮긴 곳이다.

④ ㉡: 이곳에서 김윤후는 노비 문서를 불태워 백성들을 격려했다.

4 자료 해석

다음은 충주성에서 일어난 전투를 적은 글이에요. 이 글을 읽은 친구들의 대화로 알맞은 것은 무엇인가요? (　　　)

> 김윤후는 노비들의 이름이 적힌 문서를 불살라 버리고 또 적에게 빼앗은 소와 말을 나눠 주었다. 『고려사』

① 하다: 이 사건은 별무반을 만드는 계기가 되었어.

② 선애: 김윤후는 이 일을 벌인 뒤 강화도로 도망갔어.

③ 영심: 김윤후의 행동은 백성들의 떨어졌던 사기를 일으켜 세웠을 거야.

④ 수재: 김윤후는 노비들을 자신의 편으로 만들어 반란을 일으키려 했을 거야.

5 핵심 정리

빈칸을 채우며, 이 글의 내용을 정리해 보세요.

몽골군을 물리친 스님 김윤후

㉠ □□□ 전투	㉡ □□□ 전투
• 김윤후가 처인성의 백성들을 모아 몽골군에 맞서 싸웠다. • 몽골군 사령관을 죽여 몽골군이 고려에서 물러나게 했다.	• 70여 일간 계속된 몽골군의 공격으로 성안의 식량이 다 떨어졌다. • 김윤후가 노비 문서를 불태워 백성들의 사기를 북돋았다.

어휘 학습

6 어휘 복습

뜻풀이에 알맞은 낱말을 골라 ○표 해 보세요.

(1) 산 위에 쌓은 성. .... (**산성** / **정성**)

(2) 전쟁 같은 난리를 피해 옮겨감. .... (**유학** / **피란**)

(3) 군대를 지휘하고 다스리는 최고 지휘관. .... (**사령관** / **수사관**)

7 어휘 적용

밑줄 친 낱말의 뜻이 다음과 같은 것을 골라 보세요. (   )

일이 되어가는 분위기.

① 제1차 세계 대전은 독일의 <u>항복</u>으로 끝이 났다.

② 친구는 늦은 밤에도 집에 갈 <u>기미</u>를 보이지 않았다.

③ 전쟁을 대비해 창고에 충분한 양의 <u>식량</u>이 저장되어 있다.

④ 적군을 피해 <u>피란</u>을 하는 사람들의 줄이 끝없이 이어졌다.

팔만대장경, 부처님의 힘으로 나라를 지키다

합천 해인사에는 팔만대장경이 보관돼 있어! 고려는 왜 팔만대장경을 만들었을까?

고려는 나라에 어려움이 생기면 부처님의 힘으로 위기를 극복하려고 했어. 거란이 고려에 쳐들어왔을 때는 불교 경전을 모아 초조 ❶대장경을 만들기도 했지.

하지만 몽골의 침입으로 초조대장경이 불타 없어지자, 고려는 부처님의 힘을 빌려 전쟁을 끝내기 위해 또다시 대장경을 만들기로 했어.

순복이는 대장경을 만드는 곳에서 일해. 순복이는 항상 해가 뜨기도 전에 일어나 작업장으로 가서 일할 준비를 마쳤지.

"순복아, 목욕을 하고 ❷몸가짐을 바르게 했느냐."

"네, 스승님. 준비되었습니다. ❸목판을 꺼내겠습니다."

순복이는 글자를 새길 목판을 펼쳤어. 이 목판은 바닷물에 2년간 담가 둔 나무를 잘라 소금물로 삶은 뒤 1년간 말려 만든 거야. 이렇게 복잡한 과정을 거쳐야 목판이 뒤틀리는 것을 ❹방지할 수 있었어.

"집중해라! 지금부터 한 글자를 새길 때마다 한 번씩 절을 할 것이다. 몽골과의 전쟁이 끝나길 바라는 마음을 담아 정성을 다해 새기거라."

사각사각, 작업장에 글자를 새기는 소리만 들렸어. 순복이의 몸에선 땀이 비 오듯이 흘렀지.

한 목판에는 여러 글자가 새겨져 있기 때문에 한 글자라도 잘못 새기면 그 목판은 아예 쓸 수가 없었어. 그렇기 때문에 순복이는 한순간도 긴장을 놓지 않았지.

---

❶ **대장경** 불경을 모아 하나로 엮은 책. ❷ **몸가짐** 몸의 움직이는 모양이나 삼가는 태도. ❸ **목판** 글이나 그림 등을 새긴 인쇄용 나무 판. ❹ **방지하다** 어떤 일이 일어나지 못하게 막다.

팔만대장경을 만드는 과정

바닷물에 담가 둔 나무를 소금물에 삶아 목판을 만든다. ➡ 목판에 글자를 새긴다. ➡ 새긴 목판을 종이에 찍어 보고 틀린 글자를 골라 낸다.

어느덧 해가 지고 장인이 순복이가 새긴 목판을 종이에 찍어 보았어.

"네가 글씨를 잘 새겼는지 확인해 보거라."

"스승님, 정말 잘 나왔습니다. ❺원고의 글자와 아주 똑같습니다."

대장경은 만들기 시작한 지 12년이 지나 완성되었어. 완성된 목판은 팔만 장이 넘었지. 그래서 이때 만든 대장경을 '☆팔만대장경'이라고 해. 팔만대장경의 글자는 한 사람이 쓴 것처럼 ❻고르고 정확했어. 또 불교 경전을 철저히 검토해서 담았기 때문에 내용도 풍부했지.

오늘날 팔만대장경을 새긴 목판은 경상남도 합천군 가야면 해인사에 있는 ☆장경판전에 보관되어 있어. 합천 해인사 장경판전은 수백 년이 지난 오늘날까지도 팔만대장경판을 ❼온전하게 ❽보존하고 있지.

☆팔만대장경 ☆장경판전

역사 사전

장경판전
팔만대장경판을 보관하는 장소야. 팔만대장경과 달리 장경판전은 조선 시대에 만들어졌어.

❺ **원고** 인쇄하거나 발표하기 위해 쓴 글이나 그림. ❻ **고르다** 여럿의 높이, 크기 등이 차이 없이 한결같다. ❼ **온전하다** 상한 데가 없이 본바탕 그대로다. ❽ **보존하다** 잘 보호하고 보관해 남기다.

독해 학습

1 중심 내용

이 글을 읽고 다음 문장에 들어갈 알맞은 낱말을 골라 ○표 해 보세요.

> 초조대장경이 몽골의 침입으로 불타 없어지자, 고려는 부처님의 힘을 빌려 몽골과의 전쟁을 끝내기 위해 (**장경판전** / **팔만대장경**)을 만들었다.

2 내용 이해

이 글의 팔만대장경에 대한 설명으로 알맞은 것을 모두 골라 보세요. (　　　,　　　)

① 금속 활자로 찍어 내 만들었다.

② 완성된 목판이 팔만 장이 넘는다.

③ 한 목판에 한 글자만 새겨 찍어 내었다.

④ 몽골과의 전쟁이 끝나길 바라는 마음을 담아 새겼다.

3 자료 해석

답사 보고서의 빈칸에 들어갈 장소로 알맞은 곳은 어디인가요? (　　　)

팔만대장경판은 오늘날 ____________________에 있는 장경판전에 보관되어 있다. 이곳은 항상 바람이 통하는 위치에 있어 통풍이 잘되고 바닥에 숯, 횟가루, 소금, 모래 등을 깔아 습도가 일정하게 조절되도록 설계되었다.

① 순천 송광사　② 영주 부석사　③ 합천 해인사　④ 경주 불국사

4 내용 이해

이 글을 읽고 팔만대장경을 만드는 순서대로 기호를 써 보세요.

㉠ 나무를 잘라서 2년간 바닷물에 담가 놓는다.	㉡ 목판을 종이에 찍어 내 보고 틀린 글자를 골라 낸다.	㉢ 목판에 글자를 새길 때마다 절을 하며 정성을 다한다.	㉣ 나무를 소금물에 삶고 1년간 말려 목판을 만든다.

(㉠) ➡ (　　　) ➡ (　　　) ➡ (　　　)

▶ 정답과 풀이 13쪽

5 빈칸을 채우며, 이 글의 내용을 정리해 보세요.

핵심 정리

누가	고려가
언제	㉠ [ ][ ]이 고려에 쳐들어왔을 때
무엇을	팔만대장경을
어떻게	전쟁이 끝나길 바라는 마음을 담아 ㉡ [ ][ ]에 정성스럽게 글자를 새겼다.
왜	부처님의 힘으로 고려를 지켜 내기 위해서이다.

어휘 학습

6 낱말의 알맞은 뜻을 찾아 선으로 이어 보세요.

어휘 복습

(1) 목판 • • ① 불경을 모아 하나로 엮은 책.

(2) 원고 • • ② 글이나 그림 등을 새긴 인쇄용 나무 판.

(3) 대장경 • • ③ 인쇄하거나 발표하기 위해 쓴 글이나 그림.

7 밑줄 친 낱말이 잘못 쓰인 문장을 골라 보세요. (   )

어휘 적용

① 소설가는 마감일이 다가오자 급하게 원고를 썼다.
② 바다 속에서 고려의 유물들이 온전하게 발견되었다.
③ 주민들은 지역의 문화유산을 보존할 방법을 고민했다.
④ 『직지』는 금속으로 만든 목판을 이용해 찍어 낸 책이다.

25 삼별초, 몽골에 끝까지 저항하다!

고려는 몽골에 항복했지만 삼별초는 끝까지 몽골에 저항했어. 왜 그랬을까?

고려는 강화도로 수도를 옮기며 몽골과의 싸움을 이어 나갔어. 하지만 몽골의 계속된 침입에 결국은 항복하고 말았지. 그리고 수도도 강화도에서 개경으로 다시 옮겼어.

이때 최씨 무신 ❶정권의 ❷사병이었던 삼별초는 정부의 결정에 반대하고 나섰어.

"수도를 개경으로 옮긴다니! 앞장서서 몽골과 맞서 싸웠던 우리는 어떻게 된단 말인가?"

"어차피 개경으로 가면 죽을 목숨, 몽골군에 끝까지 맞서 싸웁시다!"

"좋다! 삼별초여, 끝까지 싸워라!"

삼별초는 강화도에서 난을 일으켜 새로운 정부를 세웠어. 그리고 천여 척의 배를 타고 한반도 남쪽에 위치한 진도로 향했지.

진도는 섬 주변의 ❸물살이 거세 적을 방어하기에 좋고, 경상도와 전라도에서 거둔 세금을 실은 배가 지나가는 길목에 있어 배들을 공격해 곡식을 차지하기 좋은 곳이었거든.

삼별초는 진도를 ❹근거지로 삼아 성과 궁을 지어 백성들을 이끌었어.

"우리를 수십여 년간 괴롭힌 몽골에 항복하다니! 그런 정부는 필요 없어!"

"몽골에 끝까지 맞서 싸우는 삼별초와 함께하겠네!"

많은 백성들은 몽골에 맞서 싸운 삼별초를 지지하며 따랐지.

힘을 키운 삼별초는 남해안 일대를 차지하고 전라도 나주와 전주, 심지어 인천 지역까지 진출했어. 그러자 서해안 뱃길로 세금을 운반하던 고려

역사 사전

진도
전라남도 서남쪽에 있는 섬 중 하나야. 제주도, 거제도를 이어 우리나라에서 세 번째로 큰 섬이지.

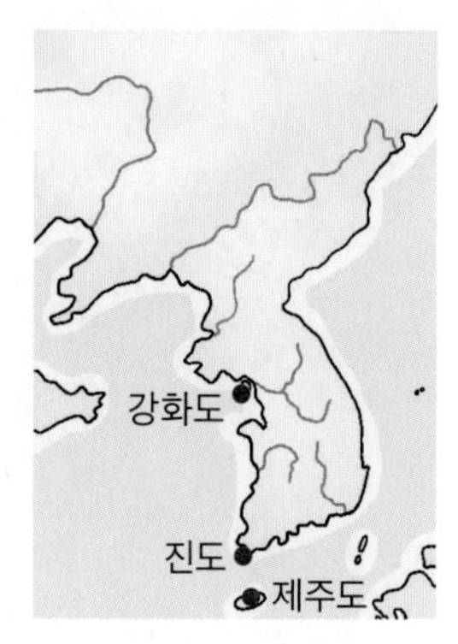

❶ **정권** 나라를 다스리는 권력. ❷ **사병** 개인이 사사로이 부리는 병사. ❸ **물살** 물이 흘러 내뻗는 힘. ❹ **근거지** 활동의 터전으로 삼는 곳.

정부는 큰 피해를 봐야 했지.

고려 정부는 더 이상 삼별초를 내버려 둘 수 없었어. 고려군은 몽골군과 ❺연합해 진도를 공격하기 시작했지.

"삼별초가 차지한 진도를 빼앗아라!"

"쉽게 진도를 빼앗길 수 없다! 목숨을 걸고 연합군에 맞서 싸워라!"

삼별초는 바다에 익숙한 점을 이용해 연합군에 용감하게 맞서 싸웠어. 그 결과 삼별초는 계속해서 승리를 거둘 수 있었지.

하지만 승리의 기쁨도 잠시, 연이은 승리에 방심했던 삼별초는 연합군에 크게 패하고 말았어. 그리고 진도까지 빼앗기고 말았지.

"살아남은 군사들을 이끌고 제주도로 가자!"

삼별초는 제주도로 근거지를 옮기며 계속해서 연합군에 맞서 싸웠어. 하지만 끝내 연합군에 진압되면서 삼별초의 ❻항쟁은 끝이 나고 말았어.

삼별초 진도 제주도

❺ **연합하다** 두 가지 이상이 함께해 하나의 단체를 만들다. ❻ **항쟁** 맞서 싸움.

1 중심 내용

이 글을 읽고 다음 문장에 들어갈 알맞은 말을 골라 ○표해 보세요.

최씨 무신 정권의 사병이었던 (**개마 무사 / 삼별초**)는 난을 일으켜 몽골에 맞서 싸웠다.

2 내용 이해

이 글을 읽고 빈칸에 들어갈 말로 알맞은 것을 모두 골라 보세요. (,)

삼별초가
진도를 근거지로
삼은 까닭은
____

① 물살이 거세 적을 방어하기 좋기 때문이다.
② 거란과 교류하기 좋은 곳에 있었기 때문이다.
③ 우산국이 삼별초를 도와주기로 했기 때문이다.
④ 세금을 실은 배가 지나가는 길목에 있었기 때문이다.

3 추론

이 글을 읽고 다음 질문에 대한 대답으로 알맞은 것을 골라 보세요. ( )

백성들이 왜 삼별초를 지지했을까?

① 아라비아와 활발하게 교류했기 때문이다.
② 오랫동안 백성들을 괴롭힌 몽골군에 맞섰기 때문이다.
③ 여진족을 물리치기 위한 별무반을 만들었기 때문이다.
④ 앞으로 나라에 세금을 내지 않아도 된다고 했기 때문이다.

4 지도 읽기

다음 지도에서 ㉠~㉣에 대한 설명으로 알맞지 않은 것은 무엇인가요? ( )

① ㉠: 본래 고려의 수도이다.
② ㉡: 고려가 몽골을 피해 수도를 옮긴 곳이다.
③ ㉢: 김윤후가 몽골의 침입을 물리친 곳이다.
④ ㉣: 삼별초가 고려와 몽골 연합군을 피해 진도에서 옮긴 근거지이다.

▶ 정답과 풀이 14쪽

5 핵심 정리

빈칸을 채우며, 이 글의 내용을 정리해 보세요.

고려가 몽골에 항복하고 강화도에 있던 수도를 개경으로 옮겼다.

⬇

삼별초가 난을 일으켜 새로운 정부를 세우고,

㉠ ☐☐ 를 근거지로 삼아 몽골에 맞서 싸웠다.

⬇

삼별초는 고려와 몽골 연합군의 공격에 크게 패해

㉡ ☐☐☐ 로 근거지를 옮겼으나 끝내 진압되고 말았다.

어휘 학습

6 어휘 복습

낱말의 알맞은 뜻을 찾아 선으로 이어 보세요.

(1) 사병 •	• ① 맞서 싸움.
(2) 항쟁 •	• ② 활동의 터전으로 삼는 곳.
(3) 근거지 •	• ③ 개인이 사사로이 부리는 병사.

7 어휘 적용

빈칸에 들어갈 알맞은 낱말을 보기에서 찾아 문장을 완성해 보세요.

보기 물살 수도 연합 정권

(1) 미국은 이번 선거로 ________이 교체되었다.
↳ 나라를 다스리는 권력.

(2) 신라는 당나라와 ________해 백제에 맞서 싸웠다.
↳ 두 가지 이상이 함께해 하나의 단체를 만듦.

가로세로 키워드 찾기!

▶ 정답 18쪽

아래에 있는 가로세로 열쇠 힌트를 읽고, 알맞은 키워드를 넣어 가로세로 역사 퍼즐을 완성해 보세요.

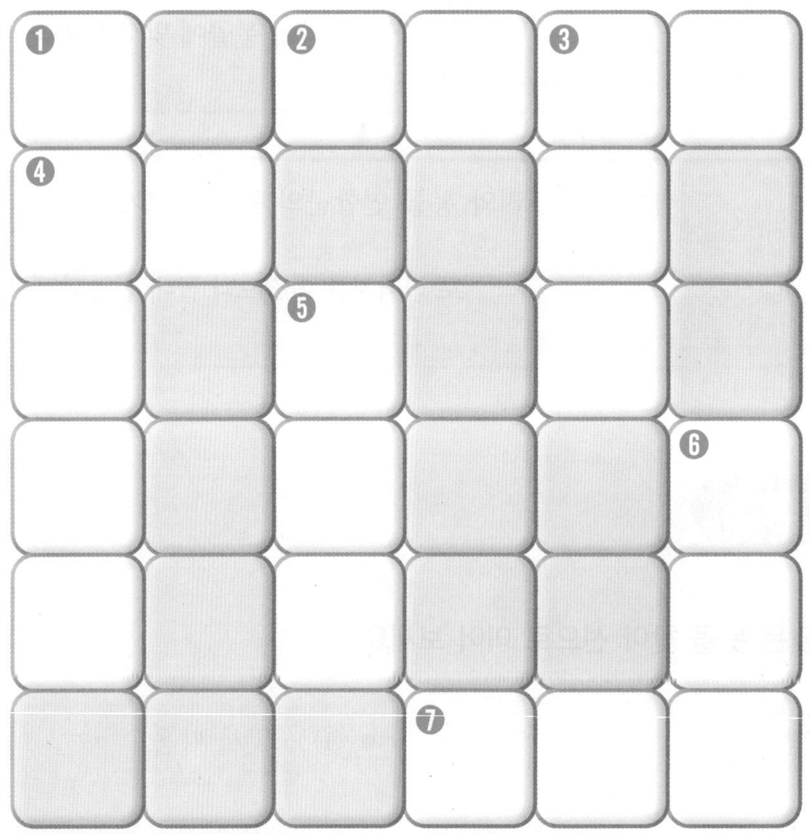

가로 열쇠

2 고려의 무신들이 반란을 일으켜 권력을 차지한 사건이야.

4 최충헌이 최고 권력자가 되어 나라를 다스릴 때에 천민이 없는 세상을 만들기 위해 난을 일으키려고 했던 노비야.

7 김윤후와 백성들은 ○○○ 전투에서 몽골군을 이끄는 사령관을 죽였어.

세로 열쇠

1 팔만여 개의 목판으로 만들어진 고려의 대장경이야.

3 이의방을 죽이고 최고 권력자가 된 무신이야.

5 진도를 근거지로 삼아 몽골에 맞서 싸운 군대야.

6 김윤후가 몽골군의 침입을 물리친 성으로, 이곳에서 노비 문서를 불태워 백성들의 사기를 높였어.

고려의 백성들이 원나라의 지배로 고통받았어.
이대로 가만히 있을 고려가 아니지.
고려가 어떻게 위기를 극복했는지 알아보자!

- 1356년 쌍성총관부 폐지
- 1364년 문익점, 원나라에서 목화를 가져옴
- 1366년 신돈, 전민변정도감 설치
- 1376년 홍산 전투

회차	학습 내용	핵심 키워드	교과 연계	학습 계획일
26	**원나라의 간섭**에 고통받은 고려의 백성들	공녀 권문세족	【사회 5-2】 1. 옛사람들의 삶과 문화 ② 독창적 문화를 발전시킨 고려	월 일
27	원나라의 간섭에서 벗어나려 한 **공민왕**	공민왕 정동행성 쌍성총관부	【사회 5-2】 1. 옛사람들의 삶과 문화 ② 독창적 문화를 발전시킨 고려	월 일
28	공민왕의 개혁을 도운 **신돈**	신돈 전민변정도감	【사회 5-2】 1. 옛사람들의 삶과 문화 ② 독창적 문화를 발전시킨 고려	월 일
29	**문익점**, 목화로 따뜻한 겨울을 만들다	문익점 목화	【사회 5-2】 1. 옛사람들의 삶과 문화 ② 독창적 문화를 발전시킨 고려	월 일
30	**최영**, 고려에서 왜구를 쫓아내다!	최영 홍산 전투	【사회 5-2】 1. 옛사람들의 삶과 문화 ② 독창적 문화를 발전시킨 고려	월 일
역사 놀이터	**키워드 찾기 대작전!**			

원나라의 간섭에 고통받은 고려의 백성들

누가 자꾸 내 일에
간섭하면 화날 것 같아!
원나라의 간섭을 받은
고려의 백성들도
힘들었을 거야.

몽골은 점점 힘을 키운 뒤, 나라 이름을 원으로 바꿨어. 이후 원나라는 고려가 하는 모든 일에 [1]간섭하기 시작했지.

"고려 왕자는 어릴 때부터 원나라에서 생활하도록 해라. 또 원나라 공주와 결혼해야 왕위에 오를 수 있다."

스스로를 [2]황제라 칭했던 고려의 왕은 이제 원나라 황제의 사위가 되었어. 원나라 황제는 고려의 왕을 마음대로 선택했을 뿐만 아니라 마음에 들지 않으면 바꾸기도 했지.

원나라는 또 고려에 금, 은, 인삼 등 [3]특산물을 바치라고 요구했어. 백성들은 나라에 바칠 세금은 물론 원나라에 바칠 특산물까지 마련하느라 고통스러운 나날을 보냈지.

고려는 원나라에 매도 잡아 바쳐야 했어. 원나라 사람들은 매를 이용해 사냥하는 것을 즐겨 했는데, 고려에 많이 살던 해동청은 사납고 용맹해 사냥매로 인기가 많았거든.

"해동청처럼 매서운 매를 본 적이 없어!"

원나라 사람들은 너도나도 할 것 없이 고려의 매를 찾았어. 그러자 고려는 응방이란 기관을 차려 놓고 나라안의 매를 모조리 잡아들였지.

백성을 더욱 힘들게 했던 것은 원나라에 공녀를 보내라는 요구였어.

"제발 저희 딸을 끌고 가지 마십시오!"

"원나라가 요구한 여자들의 수를 맞추려면 어쩔 수 없다!"

원나라는 고려의 여성들을 강제로 뽑아 갔어. 이렇게 원나라에 끌려간

---

❶ **간섭하다** 남의 일에 부당하게 참견하다. ❷ **황제** 왕이나 제후를 거느리고 나라를 다스리는 임금. ❸ **특산물** 어떤 지역에서 특별하게 나는 물건.

여성을 공녀라고 해. 고려 사람들은 딸을 빼앗길까 봐 딸이 태어나면 이웃 사람들도 모르게 꽁꽁 숨겨 키우거나 딸들을 일찍 결혼시키기도 했어.

원나라로 끌려간 공녀들은 가족에 대한 그리움에 잠 못 드는 밤이 많았어.

'죽기 전에 아버지, 어머니의 얼굴을 다시 뵐 수 있을까?'

공녀로 끌려간 여성들 대부분은 하녀가 되어 힘겹게 살아가야만 했어.

한편 원나라가 고려에 간섭할 때 몽골어를 ❹통역하거나 원나라의 지배층과 친하게 지내는 등 원나라를 등에 업고 권력을 휘두르는 사람들이 늘어났어. 이들은 고려의 새로운 ❺지배 세력으로 등장했는데 이때 형성된 세력을 ☆권문세족이라고 해. 권문세족이 권력을 휘두르면 휘두를수록 고려 백성들의 ❻시름은 깊어만 갔어.

역사 사전

권문세족
권문세족은 고려 말의 지배층이야. 권문세족에는 가문 대대로 강한 권력을 가졌던 사람도 있고, 원나라와 친하게 지내면서 권력을 얻은 사람, 무신들이 나라를 다스릴 때 힘을 키운 사람들도 포함돼 있지.

☆공녀 ☆권문세족

❹ **통역하다** 말이 통하지 않는 사람들 사이에서 말이 통하도록 옮겨 주다. ❺ **지배** 사람이나 집단을 자기 뜻대로 복종시켜 다스림. ❻ **시름** 마음에 걸려 풀리지 않고 항상 남아 있는 근심과 걱정.

독해 학습

1 중심 내용

이 글의 중심 내용으로 알맞은 것은 무엇인가요? (　　　)

① 원나라의 간섭을 받은 고려

② 원나라에서 생활한 고려 왕자

③ 나라의 이름을 원으로 바꾼 몽골

④ 원나라 사람들이 좋아한 매의 종류

2 내용 이해

이 글의 내용과 일치하면 ○표, 일치하지 않으면 X표 해 보세요.

(1) 고려의 왕자는 원나라에서 생활했다. (　　　)

(2) 원나라는 고려의 왕이 마음에 들지 않으면 왕을 바꾸기도 했다. (　　　)

(3) 원나라에 끌려간 고려의 여성들은 모두 원나라의 귀족이 되었다. (　　　)

3 추론

다음 사건 뒤에 이어질 상황으로 알맞지 않은 것을 골라 보세요. (　　　)

> 고려가 몽골에 항복하고, 수도를 개경으로 다시 옮겼다.

① 응방을 설치해 매를 잡아들였다.

② 원나라와 친하게 지낸 세력이 성장했다.

③ 무신들이 문신들을 죽이고 권력을 잡았다.

④ 원나라에 금, 은, 인삼 등 특산물을 바쳤다.

4 내용 이해

이 글의 인물들이 어떤 생각을 했을지 예상해 보고 선으로 이어 보세요.

(1) 고려의 백성 •　　　　• ㉠ 원나라에서 고려의 여자들을 강제로 뽑아가니 우리 딸을 숨겨야겠어!

(2)

권문세족 •　　　　• ㉡ 원나라를 등에 업고 권력을 키운 우리를 깔볼 사람들은 아무도 없지!

▶ 정답과 풀이 14쪽

5 핵심 정리

빈칸을 채우며, 이 글의 내용을 정리해 보세요.

보기	공녀	웅녀	원나라	후백제

고려는 몽골에 항복한 뒤, ㉠______________의 간섭을 받게 되었다. 고려는 원나라에 금, 은, 인삼 등 특산물은 물론 고려의 여성들을 ㉡______________로 바쳐야만 했다.

6 어휘 복습

낱말의 알맞은 뜻을 찾아 선으로 이어 보세요.

(1) 황제 •　　　　• ① 어떤 지역에서 특별하게 나는 물건.

(2) 지배 •　　　　• ② 사람이나 집단을 자기 뜻대로 복종시켜 다스림.

(3) 특산물 •　　　　• ③ 왕이나 제후를 거느리고 나라를 다스리는 임금.

7 어휘 적용

빈칸에 들어갈 낱말로 알맞은 것을 골라 보세요. (　　　)

하진: 영호야, 매일 영어를 열심히 공부하는 이유가 뭐야?
영호: 나는 외국인의 말을 우리말로 바로 ______________ 해 주는 직업을 갖고 싶기 때문이야.

① 간섭　　② 시름　　③ 연합　　④ 통역

원나라의 간섭에서 벗어나려 한 공민왕

으쌰! 으쌰! 공민왕이 고려를 일으켜 세우려고 해! 공민왕은 어떤 개혁을 펼쳤을까?

고려가 원나라의 간섭을 받던 때에 공민왕은 원나라의 간섭에서 벗어나기 위한 방법을 고민했어.

'원나라에 기대 권력을 마구 휘두르는 권문세족의 힘을 약하게 만들어야 해!'

공민왕은 고려를 다시 일으켜 세우기 위해 ❶개혁의 칼을 갈았지. 그리고 한 신하를 자신이 머무르는 궁궐로 불렀어.

"권문세족이 백성들의 땅을 빼앗는 것도 모자라 백성들을 마구 노비로 만들고 있으니 큰일이로구나."

"그렇습니다. 특히 원나라의 ❷황후를 ❸누이로 둔 기철이 문제입니다. 그자의 횡포가 날이 가면 갈수록 심해지고 있습니다."

공민왕은 신하의 말에 눈을 감고 ❹곰곰이 생각했어.

'기철과 권문세족들의 횡포를 두고만 볼 수 없어. 원나라의 힘이 예전같이 강하지 않은 지금, 기철과 그 무리들을 없애자!'

공민왕은 신하에게 가까이 오게 한 뒤 조용히 귓속말했어.

"입이 무겁고, 행동이 재빠른 군사 몇 명을 뽑아 놓아라. 고려를 망치려는 기철과 그 무리들을 한 번에 없앨 것이다."

얼마 뒤, 공민왕은 큰 잔치를 열었어. 잔치에는 기철과 같이 원나라에 기대 권력을 휘둘렀던 권문세족들도 초대되었지. 공민왕은 잔치가 치러지는 도중에 자리에서 벌떡 일어나 궁궐이 떠내려갈 듯이 큰 소리로 외쳤어.

"기철과 그 무리들을 없애라!"

---

❶ **개혁** 제도나 기구를 새롭게 뜯어 고치는 것. ❷ **황후** 황제의 아내. ❸ **누이** 남자가 여자 형제를 이르는 말. ❹ **곰곰이** 여러모로 깊이 생각하는 모양.

"으악! 속았구나! 사람 살려!"

순식간에 원나라만 믿고 횡포를 부렸던 기철과 무리들이 죽음을 맞이했어.

공민왕은 핏빛으로 물든 궁궐 안에서 한숨도 쉬지 않고 또다시 신하들을 향해 명령을 내렸어.

"그동안 원나라는 정동행성이라는

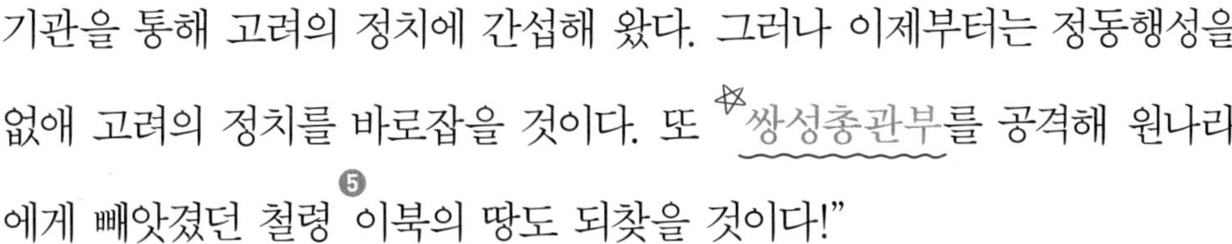

기관을 통해 고려의 정치에 간섭해 왔다. 그러나 이제부터는 정동행성을 없애 고려의 정치를 바로잡을 것이다. 또 쌍성총관부를 공격해 원나라에게 빼앗겼던 철령 ❺이북의 땅도 되찾을 것이다!"

공민왕은 100여 년간 계속되었던 원나라의 간섭으로부터 벗어나 과감한 개혁을 펼쳤어. 마침내 고려는 정동행성을 없애고, 쌍성총관부를 무너뜨려 철령 이북의 땅을 되찾아 고려의 ❻자존심을 세울 수 있었지. 이렇게 공민왕이 펼친 개혁으로 고려는 원나라의 간섭 아래 잃어버렸던 ❼자주성을 되찾을 수 있었어.

공민왕 정동행성 쌍성총관부

역사 사전

정동행성
원나라가 일본 정벌을 위해 고려에 두었던 관청이야. 일본 정벌이 실패한 뒤 고려의 정치를 간섭하는 기관으로 이용되었어.

쌍성총관부
원나라가 철령 이북의 땅을 직접 다스리기 위해 설치했던 기관이야. 공민왕은 쌍성총관부를 공격해 그 땅을 되찾았을 뿐만 아니라 고려의 땅을 북쪽으로 더 넓혔어.

❺ **이북** 어떤 지점을 기준으로 하여 그 북쪽. ❻ **자존심** 남에게 굽히지 않고 스스로의 가치를 지키는 마음. ❼ **자주성** 자기 스스로 일을 해결할 수 있는 능력.

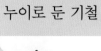

독해 학습

1 중심 내용

이 글의 중심 내용을 바르게 말한 사람을 찾아 ○표 해 보세요.

㉠ 원나라의 지배를 받은 고려

㉡ 원나라 황후를 누이로 둔 기철

㉢ 원나라의 간섭에서 벗어나려 한 공민왕

2 내용 이해

이 글의 내용과 일치하면 ○표, 일치하지 않으면 X표 해 보세요.

(1) 기철은 공민왕이 초대한 잔치에 참석하지 않았다. ( )

(2) 공민왕은 원나라만 믿고 횡포를 부린 기철을 없앴다. ( )

(3) 거란만 믿고 권력을 휘두르던 권문세족이 백성들의 땅을 빼앗았다. ( )

3 추론

이 글의 공민왕이 다음의 상황에서 했을 말로 알맞은 것을 선으로 이어 보세요.

㉠ 수도를 강화도로 옮겨 원나라에 맞서 싸우겠다!

㉡ 고려의 정치에 간섭해 온 정동행성을 없애겠다!

㉢ 진도로 근거지를 옮겨 몽골에 끝까지 저항할 것이다.

4 내용 이해

이 글을 읽고 밑줄 친 낱말 중 잘못된 것을 찾아 바르게 고쳐 써 보세요.

공민왕은 고려의 정치에 관여해 온 <u>정동행성</u>을 없앴다. 이뿐만 아니라 <u>강동 6주</u>를 공격해 원나라에게 빼앗겼던 <u>철령</u> 이북의 땅을 되찾았다. 이로써 고려는 원나라에 빼앗겼던 <u>자주성</u>을 되찾을 수 있었다.

잘못된 낱말: ____________ ➡ 고친 낱말: ____________

▶ 정답과 풀이 15쪽

5 핵심 정리

빈칸을 채우며, 이 글의 내용을 정리해 보세요.

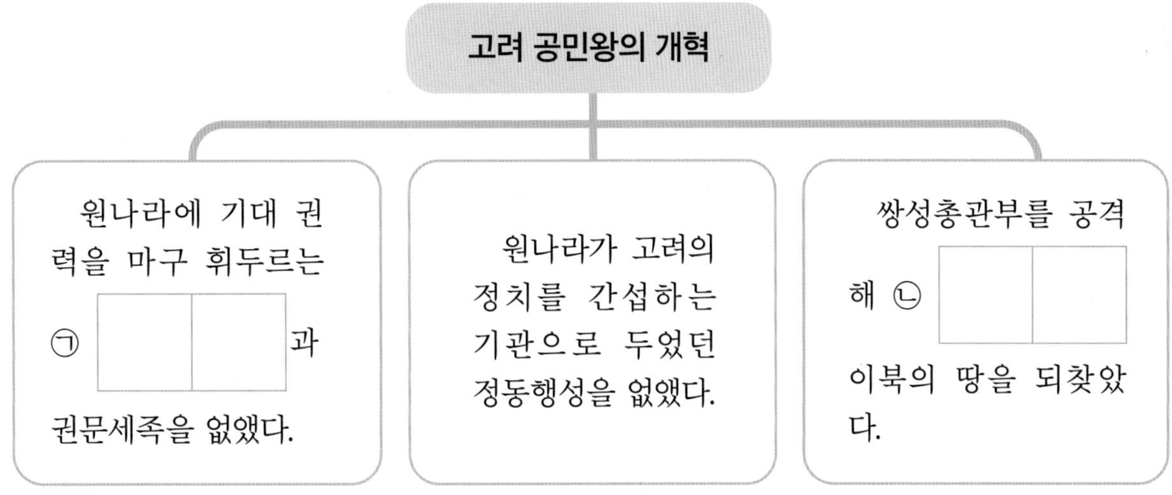

고려 공민왕의 개혁
원나라에 기대 권력을 마구 휘두르는 ㉠ ☐☐ 과 권문세족을 없앴다.
원나라가 고려의 정치를 간섭하는 기관으로 두었던 정동행성을 없앴다.
쌍성총관부를 공격해 ㉡ ☐☐ 이북의 땅을 되찾았다.

6 어휘 복습

낱말의 알맞은 뜻을 찾아 선으로 이어 보세요.

(1) 개혁 • • ① 황제의 아내.

(2) 황후 • • ② 제도나 기구를 새롭게 뜯어 고치는 것.

(3) 자주성 • • ③ 자기 스스로 일을 해결할 수 있는 능력.

7 어휘 적용

빈칸에 들어갈 알맞은 낱말을 보기에서 찾아 문장을 완성해 보세요.

보기	누이	이북	자존심	자주성

(1) 친구의 거절에 나는 ______________이 무척 상했다.
└ 남에게 굽히지 않고 스스로의 가치를 지키는 마음.

(2) 온달은 신라에게 빼앗긴 죽령 ______________의 땅을 되찾기 위해 나섰다.
└ 어떤 지점을 기준으로 하여 그 북쪽.

28

공민왕의 개혁을 도운 신돈

공민왕이 용감하고 힘차게 개혁하기 위해 신돈을 재상으로 임명했어. 신돈은 어떤 인물이었을까?

공민왕이 원나라의 간섭을 물리친 뒤에도 백성들은 힘들었어. 여전히 권력을 가진 자들이 백성들의 땅을 강제로 빼앗고, 이들을 노비로 만들었기 때문이야. 공민왕은 고려를 개혁해 나가기 위해 고민했어.

"과감하게 개혁을 해 나가려고 해도 신하들이 서로 친척 관계이거나 스승과 제자 사이로 얽혀 있으니 개혁이 제대로 되지 않는구나!"

이때 공민왕 앞에 신돈이라는 스님이 나타났어.

'신돈은 낮은 신분을 가진 스님이라 권력을 가진 사람들과 ❶인연이 없어. 그러니 과감하게 개혁을 해 나갈 수 있을 거야.'

공민왕은 신돈을 스승으로 모신 뒤, 그를 재상으로 ❷임명했어. 그리고 왕에 ❸버금가는 권력을 주었지.

"신돈에게 관직을 내리노라. 관직 이름은……."

"헉! 관직 이름이 51글자나 돼!"

신하들은 깜짝 놀랐지. 좋은 ❹가문 출신도 아니고 과거 시험을 보지도 않은 스님이 큰 권력을 가지게 되었으니 말이야.

신돈은 공민왕의 기대에 답하듯이 전민변정도감을 설치해 과감한 개혁을 펼쳤어.

"억울하게 빼앗긴 땅을 원래 주인에게 돌려주도록 하라! 또 강제로 노비가 된 사람들도 풀어 주어라!"

"아니, 힘들게 빼앗은 땅을 돌려주라니."

"내 노비들이 모두 풀려나는구나. 나는 망했다!"

역사 사전

전민변정도감
고려 후기에 권력을 가진 사람들이 함부로 빼앗은 토지와 백성들을 되찾기 위해 만든 기관이야. 신돈이 개혁을 이끌기 전에도 몇 차례 설치되었지만 큰 성과를 거두진 못했어.

❶ **인연** 사람들 사이에 맺어지는 관계. ❷ **임명하다** 일정한 지위나 직무를 남에게 맡기다. ❸ **버금가다** 으뜸의 바로 아래가 되다. ❹ **가문** 가족 또는 가까운 일가로 이루어진 공동체.

신하들은 신돈을 무척 미워했어. 자신들의 힘이 땅과 노비에서 나오는 것인데 그것을 모두 돌려주게 했으니 말이야. 신하들은 어떻게든 신돈을 몰아내야겠다고 생각했지. 하지만 백성들은 신돈을 크게 반겼어.

"신돈 님은 하늘에서 우리 고려에 내려 주신 ❺성인이야!"

"신돈 님이 최고야. 신돈 님 만세!"

신돈의 인기가 높아질수록 신하들의 불만은 더욱 커졌어. 신하들은 신돈과 공민왕 사이를 ❻이간질해 그를 몰아내기로 마음먹었지.

"전하, 신돈이 막대한 ❼뇌물을 받았다고 하옵니다."

"신돈이 자기를 따르는 무리를 모아 반란을 일으키려 한다고 합니다. 이대로 두면 위험할 것입니다!"

신하들의 잇따른 이간질에 공민왕도 신돈을 의심하기 시작했어. 결국 공민왕은 신돈을 없애 버렸지. 신돈이 죽은 뒤, 공민왕도 신하에게 죽임을 당하면서 고려의 개혁은 멈추고 말았어.

✩신돈 ✩전민변정도감

---

❺ **성인** 지혜와 덕이 뛰어나 본받을 만한 사람. ❻ **이간질하다** 두 사람이나 나라 사이에서 서로를 헐뜯어 멀어지게 하다. ❼ **뇌물** 자신의 이익을 챙기기 위해 남한테 건네는 부정한 돈이나 물건.

1 중심 내용

이 글을 읽고 다음 문장에 들어갈 알맞은 말을 골라 ○표 해 보세요.

공민왕이 스님 ㉠ (**신돈** / **의천**)을 재상으로 임명했다. 그는 고려를 개혁하기 위해 ㉡ (**교정도감** / **전민변정도감**)을 설치했다.

2 내용 이해

이 글의 신하가 다음과 같이 질문한다면 알맞은 대답은 무엇인가요? (　　　　)

공민왕은
왜 하필 스님인
신돈을 재상으로
임명했을까?

① 원나라에서 추천한 인재였기 때문이다.
② 어려서부터 개혁의 뜻을 함께했기 때문이다.
③ 원나라의 도움을 받아 고려를 개혁하려고 했기 때문이다.
④ 권력을 가진 사람들과 인연이 없어서 과감하게 개혁할 수 있기 때문이다.

3 내용 적용

이 글의 신돈이 펼친 개혁으로 알맞은 것을 모두 색칠해 보세요.

㉠ 정동행성을 폐지했다.

㉡ 강제로 노비가 된 백성들을 풀어 줬다.

㉢ 빼앗긴 땅을 원래 주인에게 돌려줬다.

4 자료 해석

다음 상소문을 읽은 친구들의 대화로 알맞은 것은 무엇인가요? (　　　　)

신돈은 임금의 은혜를 지나치게 입어 나라의 일을 제멋대로 하고 임금을 무시하는 마음이 있습니다. (……) 15일간이나 나오지 않더니, 궁궐에 들어와서는 무릎을 조금도 굽히지 않았습니다. 『동문선』

① 영심: 신하들이 신돈의 충성을 칭찬하며 쓴 글이야.
② 수재: 공민왕은 신하들의 상소문에도 끝까지 신돈을 믿었을 거야.
③ 선애: 신하들의 이간질에 공민왕은 신돈을 의심하기 시작했을 거야.
④ 하다: 신하들은 공민왕에게 신돈의 개혁을 적극 받아들이자고 했을 거야.

5 핵심 정리

빈칸을 채우며, 이 글의 내용을 정리해 보세요.

신돈의 개혁	신돈은 ㉠ [ ][ ][ ] 으로부터 큰 권력을 받고 전민변정도감을 설치해 과감한 개혁을 펼쳤다.
성과	신돈은 고려의 백성들에게 빼앗긴 땅을 돌려주고, 강제로 ㉡ [ ][ ] 가 된 사람들을 풀어 주었다.

어휘 학습

6 어휘 복습

뜻풀이에 알맞은 낱말을 골라 ○표 해 보세요.

(1) 일정한 지위나 직무를 남에게 맡기다. ·························· (**임명하다** / **퇴임하다**)

(2) 가족 또는 가까운 일가로 이루어진 공동체. ······························ (**가문** / **민족**)

(3) 자신의 이익을 챙기기 위해 남한테 건네는 부정한 돈이나 물건. ········· (**뇌물** / **선물**)

7 어휘 적용

밑줄 친 낱말의 알맞은 뜻을 골라 번호를 써 보세요.

성인	① 자라서 어른이 된 사람. 보통 만 19세 이상의 남녀를 이른다. 예 **성인** 남성의 하루 권장 칼로리는 2,500kcal이다. ② 지혜와 덕이 뛰어나 본받을 만한 사람. 예 위대한 **성인**들의 삶은 우리에게 많은 교훈을 주었다.

(1) 이 책에는 옛 성인들의 말씀이 담겨 있다. (　　　)

(2) 요즘은 성인을 대상으로 한 음악 학원이 인기이다. (　　　)

29

문익점, 목화로 따뜻한 겨울을 만들다

하얀 목화솜이 뭉게구름 같아! 그런데 문익점은 왜 목화씨를 고려에 가져왔을까?

원나라에 사신으로 갔던 문익점은 고려로 돌아오는 길에 새하얗고 구름 같은 목화솜이 가득 열린 밭을 보았어.

"이 꽃들은 무엇이오? 참으로 신기하게 생겼소."

"이것은 꽃이 아니라 열매요. 목화의 열매인 목화솜으로 옷을 만들어 입으면 아주 따뜻하지요."

문익점은 목화솜을 보다가 문득 고려의 백성들을 떠올렸어.

'고려의 귀족들은 ❶비단으로 만든 따뜻한 옷을 입어 추운 겨울을 난다. 하지만 백성들은 비싼 비단 대신 거칠고 얇은 ❷삼베옷만 입고 겨울을 버텨야 하지. ❸포근한 목화솜으로 옷을 만들어 입는다면 고려의 백성들도 따뜻하게 겨울을 날 수 있을 거야!'

문익점은 목화씨를 고려로 가져가 길러 보기로 마음먹었어.

"혹시 목화씨를 나눠 줄 수 있소? 고려에서도 심어 보려 하오."

"씨를 주는 것이야 어렵지 않소만, 고려는 원나라와 ❹기후가 다르기 때문에 목화를 제대로 키우기 어려울 것이오."

"백성들에게 목화가 꼭 필요하오. 그러니 부탁 좀 드리겠소."

문익점은 목화씨를 얻어 고려로 돌아왔어. 그리고 ❺장인을 찾아가 목화씨를 건넸지.

"장인어른, 이것은 목화씨입니다. 이것의 열매인 목화솜으로 옷을 만들어 입으면 아주 따뜻하다고 하니 같이 키워 보는 것이 어떻겠습니까?"

"좋네. 한번 길러 보겠네."

역사 사전

사신
왕이나 나라의 명령을 받고 외국에 가는 신하를 말해.

❶ **비단** 누에고치에서 뽑은 실로 짠 천. ❷ **삼베옷** 삼에서 실을 뽑아 만든 천인 삼베로 지은 옷. ❸ **포근하다** 매우 보드랍고 따뜻하다. ❹ **기후** 기온, 비, 눈, 바람 따위의 상태. ❺ **장인** 아내의 아버지.

문익점과 장인은 각자 목화씨를 심고 싹이 트기[6]를 기다렸어. 하지만 문익점이 심은 목화는 모두 싹이 트지 않았지. 문익점은 희망의 끈을 놓지 않고 장인을 찾아갔어.

"장인어른 제 것은 모두 실패했습니다. 어떻게 되셨습니까?"

"이것 좀 보게. 딱 하나가 살아남았네."

문익점과 장인은 매우 기뻐하며 하나 남은 목화를 정성 들여 키웠어. 그 결과 가을에 목화솜을 얻을 수 있었지. 몇 년 뒤, 목화를 키우는 방법을 깨우친 문익점은 더 많은 목화솜을 얻어 냈어.

"모두 목화씨를 받아 가세요! 목화솜에서 실을 뽑아 무명옷[7]을 지어 입으면 겨울을 따뜻하게 날 수 있어요!"

"무명옷이 정말 포근하니 이제 추위도 걱정 없어!"

이후 목화는 고려에 널리 퍼지게 되었고, 백성들은 따뜻한 겨울을 보낼 수 있었어. 문익점이 백성들에게 따뜻한 겨울을 선물한 거야.

온 밭에 목화가 가득하구나!
이제 백성들의 추위 걱정은 끝입니다!

문익점 목화

[6] **트다** 식물의 싹 따위가 새로 나다. [7] **무명옷** 목화솜에서 실을 뽑아 만든 천인 무명으로 지은 옷.

독해 학습

1 중심 내용

이 글을 읽고 다음 문장에 들어갈 알맞은 낱말을 골라 ○표 해 보세요.

문익점이 원나라에서 가져온 (**목화씨** / **볍씨**) 덕분에 고려의 백성들은 무명옷을 지어입어 따뜻한 겨울을 보낼 수 있게 되었다.

2 내용 이해

이 글의 내용과 일치하지 않는 것은 무엇인가요? (　　　)

① 문익점은 원나라에서 목화씨를 가져왔다.
② 문익점의 장인은 목화를 키우는 데 성공했다.
③ 문익점은 목화씨를 고려 백성들에게 나눠 주었다.
④ 고려의 모든 백성들은 비단으로 옷을 만들어 입었다.

3 내용 적용

이 글을 영화로 만들었어요. 영화의 장면을 순서대로 나열해 보세요.

㉠ 문익점이 원나라에서 고려로 목화씨를 가져왔다.

㉡ 고려 백성들이 목화솜으로 옷을 지어 입었다.

㉢ 문익점과 장인이 목화 재배에 성공했다.

㉣ 문익점과 장인이 목화씨를 심었다.

(㉠) ➡ (　　) ➡ (　　) ➡ (　　)

4 내용 이해

이 글의 문익점이 다음과 같이 말한다면 그 까닭은 무엇인가요? (　　　)

우리 고려의 백성들에게는 목화가 꼭 필요하오!

① 공민왕이 목화를 고려에 가져오라고 명령했기 때문이다.
② 고려의 백성들은 거칠고 얇은 삼베옷으로 겨울을 버텼기 때문이다.
③ 목화솜을 이용하면 값이 비싼 비단옷을 만들어 낼 수 있기 때문이다.
④ 목화솜은 새하얗고 예뻐서 고려 백성들에게 인기가 많았기 때문이다.

5 빈칸을 채우며, 이 글의 내용을 정리해 보세요.

핵심 정리

㉠ [ ][ ][ ] 은 고려의 백성들을 위해 원나라에서 목화씨를 가져왔다. 고려의 백성들은 목화솜에서 실을 뽑아 ㉡ [ ][ ][ ] 을 지어 입어 겨울을 따뜻하게 날 수 있었다.

6 낱말의 알맞은 뜻을 찾아 선으로 이어 보세요.

어휘 복습

(1) 비단 •

(2) 삼베옷 •

(3) 무명옷 •

• ① 누에고치에서 뽑은 실로 짠 천.

• ② 삼에서 실을 뽑아 만든 천인 삼베로 지은 옷.

• ③ 목화솜에서 실을 뽑아 만든 천인 무명으로 지은 옷.

7 밑줄 친 낱말의 뜻이 다음과 같은 것을 골라 보세요. (　　　)

어휘 적용

기온, 비, 눈, 바람 따위의 상태.

① 부드러운 비단 이불은 매우 포근했다.

② 아버지는 외할아버지를 장인이라 불렀다.

③ 세계는 지금 기후 변화로 몸살을 앓고 있다.

④ 민규는 열심히 공부해 중간고사에서 좋은 성과를 냈다.

30

최영,
고려에서 왜구를 쫓아내다!

왜구는 최영의 흰 머리만 보고도 도망쳤다지? 최영도 나처럼 용감했나 봐!

공민왕이 절에 머물 때였어. 한 신하가 반란을 일으켜 공민왕을 죽이려고 했지!

"아! 누가 나를 구하러 오지 않겠는가?"

그 순간, 한 장군이 나타나 반란군을 막아 내고 공민왕을 지켜 냈어.

"전하, 최영이 달려왔습니다."

여러 ❶전투에서 승리해 이름을 떨친 최영이었지. 최영이 반란을 막아 낸 뒤, 신하들은 반란군의 집을 뒤져 보석을 찾아내며 구경했어. 그러자 최영은 신하들에게 큰소리를 치며 화를 냈지.

"지금 뭣들 하는 겁니까! 반란군들이 보물에 욕심이 생겨 반란을 일으킨 것을 모르십니까?"

신하들은 최영이 평소 ❷검소하고 ❸강직한 성격이라는 걸 알고 있었기 때문에 대꾸도 하지 못하고 머쓱해졌어. 이렇게 최영은 검소하게 생활하고, 자신의 권력을 이용해서 재산을 모으거나 다른 사람을 괴롭히지 않아서 많은 사람들의 존경을 받았지.

공민왕의 뒤를 이어 우왕이 나라를 다스릴 때에 일본에 근거지를 둔 해적인 왜구가 말썽을 부렸어. 고려의 섬이나 해안가는 물론 ❹내륙 깊숙이 들어와 백성들을 죽이고 ❺재물을 마구 빼앗았지. 여러 장수들이 왜구와 맞서 싸웠지만, 막는 데 계속 실패해 고려는 곤란한 상황이었어.

"누가 왜구들을 물리칠 수 있단 말인가."

이때 흰머리의 최영이 당당히 우왕 앞에 나섰어.

---

❶ **전투** 두 편의 군대가 직접 맞서서 싸움. ❷ **검소하다** 사치하지 않고 꾸밈없이 수수하다. ❸ **강직하다** 마음이 꼿꼿하고 곧다. ❹ **내륙** 바다에서 멀리 떨어져 있는 육지. ❺ **재물** 돈이나 값나가는 물건.

"전하, 제가 적들을 물리치고 오겠습니다."

최영은 곧장 군대를 거느리고 왜구가 모여 있는 홍산으로 갔어.

"장군, 이곳은 ⑥절벽으로 둘러싸여 있고 길이 좁아 적에게 기습 공격을 당할 수 있습니다. 이곳을 피하십시오."

"적이 앞에 있는데 어찌 피한단 말인가!"

최영은 용감하게 앞장서서 왜구와 맞서 싸웠어. 이때 숨어 있던 왜구가 활을 쏘아 최영의 입술을 맞혔지.

최영은 당황하지 않고 활을 쏘아 그 왜구를 쓰러뜨리고는 입술에 꽂힌 화살을 뽑았어. 입술에서는 피가 철철 흘렀지만 최영은 표정 하나 바뀌지 않았지.

홍산

오늘날 충청남도 부여에 속한 곳이야. 홍산은 고려 우왕 때 왜구의 침입이 잦은 곳이었어.

"왜구를 모두 쓸어버려라!"

적을 겁내지 않는 최영의 용감한 모습을 본 고려의 군사들은 사기가 크게 올랐어. 반면에 왜구는 겁에 질려 도망가기 바빴지. 결국 고려는 ✩홍산 전투에서 큰 승리를 거뒀어. 이후 왜구들은 최영의 흰머리만 보여도 무서워하며 도망갔다고 해.

그 어떤 화살도
고려를 지키려는
나를 막을 수 없다!
으악!

✩최영 ✩홍산 전투

⑥ **절벽** 바위가 깎아 세운 것처럼 아주 높이 솟아 있는 험한 낭떠러지.

1 중심 내용

이 글을 읽고 알맞은 선을 그어 중심 문장을 완성해 보세요.

최영이

㉠ 홍산에서
㉡ 진도에서

㉢ 원나라군을
㉣ 왜구를

물리쳤다.

2 자료 해석

이 글의 최영이 다음과 같이 행동했다면 그 까닭은 무엇인가요? (　　　　)

> 최영의 아버지는 항상 "황금 보기를 돌같이 하라."고 했다. 최영은 그 말을 잊지 않기 위해 비단 천에 그 말을 새겨 몸에 지니고 다녔다. 『용재총화』

① 주변 사람들과 사이좋게 지내기 위해서이다.
② 책임감을 가지고 맡은 일을 끝까지 해내기 위해서이다.
③ 원나라와 친하게 지낸 기철 무리와 힘을 합치기 위해서이다.
④ 검소하게 생활하며 권력을 이용해 재산을 모으지 않기 위해서이다.

3 내용 적용

이 글을 읽고 다음 퀴즈의 힌트를 참고해 알맞은 답을 써 보세요.

나는 누구일까요?

1. 일본에 근거지를 둔 해적이에요.
2. 고려의 섬이나 해안가에 쳐들어와 고려 백성들을 죽이고 재물을 빼앗았어요.

____

4 인물 이해

이 글의 최영이 한 일로 알맞지 않은 것은 무엇인가요? (　　　　)

① 홍산으로 가 왜구를 물리쳤다.
② 나뉘어진 고려의 불교 종파를 하나로 모았다.
③ 신하의 반란으로 위기에 처한 공민왕을 구했다.
④ 반란군의 보물에 욕심을 내는 신하들을 혼내 주었다.

▶ 정답과 풀이 16쪽

5 빈칸을 채우며, 이 글의 내용을 정리해 보세요.

핵심 정리

성격	활약
검소하고 강직한 성격으로, 자신의 권력을 이용해 재산을 모으거나 남을 괴롭히지 않았다.	반란을 막아 공민왕을 구해 냈을 뿐만 아니라 고려에 쳐들어온 왜구를 ㉡  에서 물리쳤다.

6 낱말의 알맞은 뜻을 찾아 선으로 이어 보세요.

어휘 복습

(1) 내륙 •	• ① 마음이 꼿꼿하고 곧다.
(2) 전투 •	• ② 두 편의 군대가 직접 맞서서 싸움.
(3) 강직하다 •	• ③ 바다에서 멀리 떨어져 있는 육지.

7 빈칸에 들어갈 알맞은 낱말을 보기 에서 찾아 문장을 완성해 보세요.

어휘 적용

보기 검소 내륙 절벽 재물

(1) 선비는 도적의 무리를 만나 돈이나 값나가는 물건을 빼앗겼다.

➡ 선비는 도적의 무리를 만나 (   )을 빼앗겼다.

(2) 그는 바위가 아주 높이 솟아 있는 험한 낭떠러지 끝에 올라서자 다리가 후들거렸다.

➡ 그는 (   ) 끝에 올라서자 다리가 후들거렸다.

키워드 찾기 대작전!

▶ 정답 18쪽

각각의 빈칸에 들어갈 키워드를 아래 글자판에서 찾아 동그랗게 묶고, 해당 번호를 써 보세요.

❶ 고려는 원나라의 요구로 고려의 여성을 ○○로 바쳐야 했어.
❷ 원나라의 세력을 등에 업고 지배층으로 성장한 세력을 ○○○○이라고 해.
└→ 고려 말의 지배층.
❸ 원나라의 간섭으로부터 벗어나기 위해 ○○○은 기철을 없앴어.
❹ 원나라는 ○○○○이란 관청을 통해 고려의 정치에 간섭했어.
└→ 원나라가 일본 정벌을 위해 설치했던 기관.
❺ 공민왕은 ○○○○○를 공격해 무너뜨리고 철령 이북의 땅을 되찾았어.
└→ 원나라가 철령 이북의 땅을 직접 다스리기 위해 설치한 기관.
❻ 공민왕은 스님 ○○에게 왕에 버금가는 권력을 주었어.
❼ 문익점은 고려에 ○○씨를 들여와 키우는 데 성공했어.
❽ 고려의 장군 ○○은 홍산에서 왜구를 크게 물리쳤어.

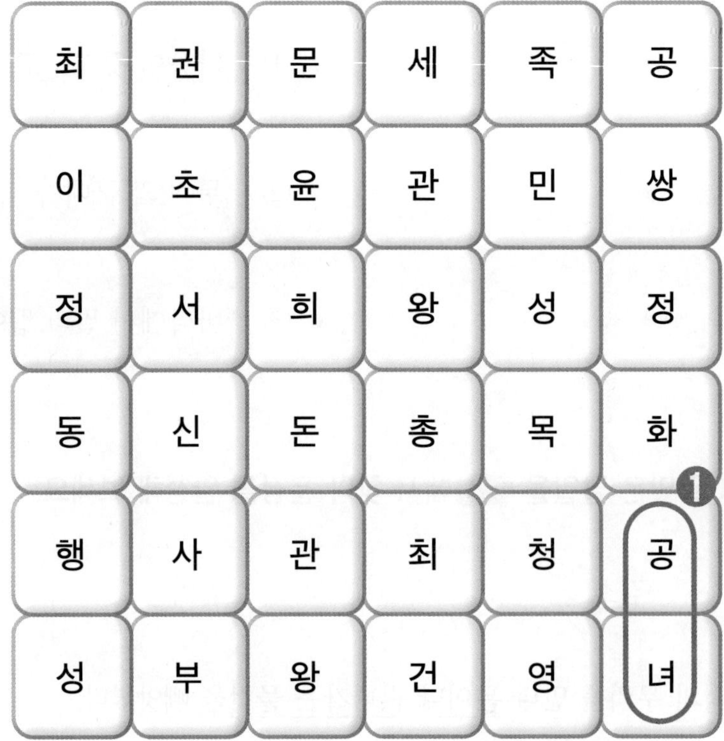

찾아보기

사진 제공

7 석굴암(북앤포토) | **22** 불국사(북앤포토) | **83** 청자 상감 운학문 매병(간송미술문화재단) | **84** 청자 찻잔(국립중앙박물관), 청화 백자(국가유산청), 청자 주전자(국립중앙박물관), 청자 투각 고리문 의자(국립중앙박물관) | **109** 합천 해인사 장경판전(국가유산청)

15분 집중의 힘
1등 하는 공부 습관

용선생 15분 한국사 독해

정답과 풀이

인물 이야기 음원 제공

2

남북국 시대~고려 시대

★개정판★
한국사 필수 어휘 수록

120명의 역사 인물 이야기로
한국사를 읽는다!

사회평론

15분 집중의 힘
1등 하는 공부 습관

용선생 15분 한국사 독해

정답과 풀이

2

남북국 시대~고려 시대

사회평론

01 신문왕, 신비한 피리로 나라를 다스리다

본문 8~11쪽

독해 학습

1 대나무 2 ④
3 ③ 4 (1) O (2) X (2) O
5 ㉠ 만파식적 ㉡ 신문왕

어휘 학습

6 (1) ① (2) ③ (3) ② 7 ③

독해 학습

1 신문왕은 낮에는 둘로 나뉘어져 있다가 밤에는 하나로 합쳐지는 신기한 대나무로 피리를 만들어 신라를 다스렸습니다. 이 피리를 만파식적이라고 합니다.

2 왜구가 신라의 백성들을 괴롭히자 문무왕은 죽은 후에도 나라를 지키려고 했습니다. 그래서 죽은 뒤 용이 되어 동해로 쳐들어오는 왜구를 물리치겠다는 유언을 남겼습니다.

3 어느 날 동해 바다에서 작은 섬이 감은사를 향해 떠내려 왔습니다. 이는 용이 된 문무왕이 신문왕에게 신라를 지킬 보물을 보낸 것이었습니다. 신문왕은 이 섬에 있던 신기한 대나무로 만파식적이라는 피리를 만들어 신라를 안정시켰습니다.

4 (2) 만파식적을 불면 신라를 공격하러 오던 적이 물러나고, 폭풍우가 잠잠해졌습니다. 또한 가뭄이 왔을 때에는 비를 내려 주기까지 했습니다. 신문왕은 만파식적으로 나라를 잘 다스렸습니다.

5 신비한 피리 ㉠ 만파식적은 바다의 용이 된 문무왕이 아들인 ㉡ 신문왕에게 내려 준 보물입니다. 만파식적은 낮에는 둘로 나뉘어져 있다가 밤에는 하나로 합쳐지는 신기한 대나무로 만들었습니다. 이 피리를 불면 천하가 안정되었다고 합니다.

어휘 학습

7 '임금이 나라를 잘 다스려서 아주 평화로운 시대'라는 뜻을 가진 낱말은 '태평성대'입니다.

02 원효, 백성들에게 불교를 널리 알리다

본문 12~15쪽

독해 학습

1 ② 2 ④
3 ㉡, ㉢ 4 ㉠, ㉢
5 ㉠ 원효 ㉡ 백성

어휘 학습

6 (1) 유학 (2) 경전 (3) 귀족 7 (1) 방방곡곡 (2) 전파

독해 학습

1 원효는 부처님의 말씀을 노래로 만들고 백성들에게 '나무아미타불'이라는 말을 외우게 했습니다. 이러한 원효의 가르침으로 불교가 백성들 사이에서 널리 전파되었습니다.

2 원효는 당나라로 유학을 가던 중 해골에 고인 물을 마시고 모든 것이 자신의 마음에 달려 있다는 깨달음을 얻었습니다. 그는 자신이 깨달은 바를 백성들에게 알리기 위해 유학을 포기했습니다.

3 원효가 살던 때에 불교는 주로 귀족들이 믿는 종교로, 글을 읽을 수 없던 백성들은 불교에 다가설 수 없었습니다. 이에 원효는 이러한 백성들에게도 불교가 전해질 수 있도록 힘썼습니다.

4 원효는 해골에 고인 물을 마시고 모든 것이 자신의 마음먹기에 달렸다는 깨달음을 얻었습니다. 이후 원효는 자신의 깨달음을 신라의 백성들에게 전하기 위해 부처님의 말씀을 노래로 만들어 백성들에게 불교를 쉽게 알렸습니다.

오답 피하기

㉡ 원효는 당나라로 유학을 가던 길에 깨달음을 얻고 유학을 포기했습니다.

5 신라의 스님인 ㉠ 원효와 의상은 당나라로 유학을 떠났습니다. 원효는 당나라로 가는 길에 모든 것은 마음먹기에 달렸다는 깨달음을 얻어 신라로 돌아왔습니다. 그리고 부처님의 말씀을 노래로 만들어 신라의 ㉡ 백성들에게 불교를 퍼뜨렸습니다.

03 대조영, 옛 고구려의 땅에 발해를 세우다

본문 16~19쪽

독해 학습

1 ㉠ → ㉣　　2 ①
3 걸사비우　　4 ③
5 ㉠ 대조영 ㉡ 발해

어휘 학습

6 (1) ③ (2) ① (3) ②　　7 (1) 민족 (2) 횡포

독해 학습

1 대조영은 거란족이 반란을 일으킨 기회를 틈타 당나라에서 탈출했습니다. 대조영은 고구려 유민들과 말갈족을 이끌고 동모산으로 가 나라를 세웠는데, 이 나라를 발해라고 합니다.

2 고구려가 멸망한 뒤 당나라는 고구려 유민들을 자신들의 땅에 끌고 갔습니다. 그리고 세금을 많이 거두는 등 고구려 유민들을 못살게 굴었습니다.

3 대조영은 말갈족의 장수 걸사비우와 힘을 합쳐 당나라를 탈출했습니다. 걸사비우는 당나라 군대가 뒤쫓아오자 그들과 맞서 싸우며 대조영과 무리들이 도망갈 시간을 벌다 죽음을 맞이했습니다.

4 대조영은 천문령 골짜기에서 당나라와 결판을 내기로 결심했습니다. 대조영은 천문령의 험한 지형을 이용해서 당나라 군대를 공격해 그들의 추격을 물리쳤습니다.

5 고구려가 무너진 뒤, 고구려 유민들은 당나라 땅에 끌려가 그들의 지배를 받았습니다. 그러던 중, 거란족이 반란을 일으키자 ㉠ 대조영은 고구려 유민들을 이끌고 당나라 땅에서 탈출했습니다. 고구려의 옛 땅인 동모산에 도착한 대조영은 그곳에 터를 잡고 ㉡ 발해를 세웠습니다. 이 나라는 훗날 '해동성국'이라 불리며 옛 고구려의 영광을 되찾았습니다.

04 불국사와 석굴암을 지어 부모를 기린 김대성

본문 20~23쪽

독해 학습

1 ㉠ 김대성 ㉡ 석굴암　　2 (1) X (2) O (3) O
3 ㉠　　4 석굴암
5 ㉠ 이번 생 ㉡ 전생

어휘 학습

6 (1) ③ (2) ② (3) ①　　7 (1) ② (2) ①

독해 학습

1 『삼국유사』에는 신라의 재상이었던 김대성의 이야기가 실려 있습니다. 김대성은 이번 생의 부모님을 위해 불국사를 다시 짓고, 전생의 부모님을 위해 석굴암을 지었다고 합니다.

2 (1) 경주 모량리에 살던 대성은 매우 가난해 부잣집에서 나눠 준 조그마한 땅에서 농사를 짓고 살았습니다.

3 경주 불국사의 '불국'은 부처님의 나라라는 뜻입니다. 신라 사람들은 부처님의 나라를 만들려는 마음을 담아 절을 지었습니다.

4 사진은 경주 석굴암 본존불입니다. 김대성은 전생의 부모님을 위해서 석굴암을 지었습니다. 석굴암은 그 예술성을 인정받아 유네스코 세계 문화유산으로 등재되었습니다.

5 김대성은 ㉠ 이번 생의 부모님을 위해서는 불국사를 다시 짓고, ㉡ 전생의 부모님을 위해서는 돌을 굴처럼 쌓아 만든 석굴암을 지었습니다. 불국사와 석굴암에서 신라의 뛰어난 건축 기술과 예술성을 엿볼 수 있습니다.

어휘 학습

7 (1) 이 문장에서 '관리'는 시설이나 물건을 맡아 살피고 꾸린다는 뜻으로 쓰였습니다.
(2) 이 문장에서 '관리'는 나랏일을 맡아보는 사람이란 뜻으로 쓰였습니다.

05 불어난 강물 덕분에 왕이 된 원성왕

본문 24~27쪽

독해 학습

1 ③ 2 (1) ○ (2) X (3) ○
3 ② 4 ③
5 ㉠ 김주원 ㉡ 원성왕

어휘 학습

6 (1) 왕족 (2) 관모 (3) 꿈풀이 (4) 권력 7 ①

독해 학습

1 김경신은 유력한 왕위 계승자인 김주원을 제치고 왕위에 올라 신라의 38번째 왕인 원성왕이 되었습니다.

2 (2) 김경신은 관모를 벗고 갓을 쓰고는 우물 속으로 들어가는 이상한 꿈을 꾸었습니다. 그는 어떤 사람의 꿈풀이를 듣고는 강의 신에게 제사를 지냈습니다.

3 김경신은 관모를 벗고 갓을 쓰고 우물 속으로 들어가는 꿈을 꿨습니다. 김경신은 이 꿈을 왕이 될 꿈이라고 풀이한 사람의 말을 듣고, 강의 신에게 제사를 지냈습니다. 제사를 지낸지 얼마 되지 않아 왕이 세상을 떠나자, 김경신은 그 뒤를 이어 왕이 되었습니다.

4 신하들은 김주원을 새로운 왕으로 맞이하려고 했습니다. 김주원은 이 소식을 듣고 궁궐로 향했으나 많은 비로 불어난 강을 건너지 못해 궁궐에 도착하지 못했습니다. 김경신은 이 기회를 놓치지 않고 재빠르게 궁궐 안으로 들어가 왕이 되었습니다.

5 왕이 죽자 신하들은 김주원으로 하여금 왕위를 잇게 하려고 했습니다. 하지만 김경신은 ㉠ 김주원을 밀어내고 왕위에 올라 ㉡ 원성왕이 되었습니다.

어휘 학습

7 '떠받들다'는 섬기거나 잘 위한다는 뜻입니다. 귀족들이 노비를 무시하는 상황과 떠받든다는 표현은 어울리지 않습니다.

06 처용, 슬픔을 춤으로 표현하다

본문 30~33쪽

독해 학습

1 ③ 2 ㉣ → ㉢ → ㉡
3 ④ 4 ㉠ 처용 ㉡ 얼굴

어휘 학습

5 (1) ③ (2) ② (3) ① 6 ②

독해 학습

1 일을 마치고 집에 돌아온 처용은 그의 아내가 역병을 옮기는 귀신과 같이 있는 것을 보았습니다. 처용은 화가 났지만, 꾹 참고 노래를 부르고 춤을 추며 물러났습니다.

2 ㉠ 헌강왕은 동해 용왕의 아들인 처용에게 벼슬을 주고 아름다운 여인과 결혼도 시켜 주었습니다. ㉣ 그러던 어느 날 처용은 아내가 다른 사람과 함께 집에 있는 것을 보았습니다. ㉢ 그 모습을 본 처용은 화를 내지 않고 자신이 본 상황을 노래로 부르며 춤을 추었습니다. ㉡ 아내와 함께 있던 역병을 옮기는 귀신은 부끄러움을 느끼곤 처용에게 무릎을 꿇고 반성했습니다.

3 역병을 옮기는 귀신은 처용에게 무릎을 꿇고 반성하며 그의 얼굴 그림이 붙은 집에는 얼씬도 하지 않겠다고 약속했습니다. 이후 신라의 백성들은 역병이나 나쁜 일이 집에 들어오지 않게 하기 위해 처용의 얼굴을 그려 문 앞에 붙였습니다.

4 ㉠ 처용은 역병을 옮기는 귀신이 아내와 함께 집에 있는 것을 보았습니다. 처용은 자신이 본 상황을 노래로 부르며 춤을 추었고, 귀신은 자신의 행동을 반성하며 처용의 ㉡ 얼굴 그림만 봐도 그 집에 들어가지 않겠다고 약속한 뒤 물러났습니다.

어휘 학습

6 '나랏일을 맡아 다스리는 자리'라는 뜻을 가진 낱말은 '벼슬'입니다.

07 장보고, 청해진에서 무역을 주름잡다!

본문 34~37쪽

독해 학습

1 ㉠ → ㉣
2 ①
3 ④
4 ㉡ → ㉣ → ㉢
5 ㉠ 장보고 ㉡ 청해진

어휘 학습

6 (1) ① (2) ③ (3) ②
7 (1) 해적 (2) 무역

독해 학습

1 장보고는 청해에 해군 기지인 청해진을 세우고 군사들을 훈련시켜 신라 앞바다의 해적들을 물리쳤습니다. 장보고는 청해진에서 당나라와 일본을 잇는 무역을 하면서 동아시아의 무역을 이끌었습니다.

2 김우징은 자신이 왕이 되면 장보고의 딸을 그의 아들과 결혼시키겠다고 약속했습니다. 김우징은 왕이 되고 얼마 지나지 않아 세상을 떠났고, 김우징의 아들이 왕위에 올랐습니다. 그러나 신라 귀족들의 반대에 부딪혀 장보고의 딸은 왕비가 되지 못했습니다.

3 장보고는 청해진을 설치하고 신라의 백성들을 괴롭히는 해적들을 물리쳐 바닷길을 안전하게 만들었습니다.

4 장보고는 신분이 낮아 높은 관직에 오를 수 없었습니다. 그래서 ㉠ 당나라로 건너가 장군이 되었습니다. 이후 장보고는 신라 사람들을 노비로 잡아가는 해적들을 물리치기 위해 ㉡ 신라로 돌아와 청해진을 세웠습니다. 한편 ㉣ 신라에서 왕위 다툼이 일어나자 김우징은 장보고에게 도움을 요청했습니다. 장보고는 김우징을 왕으로 만들었으나 ㉢ 귀족들의 명령을 받은 부하에게 배신을 당해 죽음을 맞이했습니다.

5 ㉠ 장보고는 당나라의 장군으로 활약하던 중 해적들이 신라 사람들을 잡아와 당나라에 노비로 파는 것을 보고 신라로 돌아왔습니다. 그는 청해에 해군 기지인 ㉡ 청해진을 세우고 이곳에서 신라와 당나라, 일본을 연결하는 무역을 했습니다.

08 경문왕의 귀는 당나귀 귀

본문 38~41쪽

독해 학습

1 경문왕
2 ㉣ → ㉢ → ㉡
3 ②
4 ㉠ 경문왕 ㉡ 대나무

어휘 학습

5 (1) ① (2) ③ (3) ②
6 ③

독해 학습

1 경문왕은 왕이 된 뒤 귀가 당나귀 귀처럼 길어졌습니다. 이 사실은 오직 두건을 만드는 장인만이 알고 있었습니다.

2 ㉠ 경문왕은 왕위에 오른 뒤 귀가 길어졌습니다. 경문왕은 이 사실을 숨기려고 했지만 ㉣ 두건을 만드는 장인이 알게 되었습니다. ㉢ 장인은 죽기 전 이 비밀을 대나무 숲에서 소리쳤습니다. 그 이후로 장인이 소리쳤던 ㉡ 대나무 숲에서는 바람이 불 때마다 "임금님 귀는 당나귀 귀!"라는 소리가 들려왔다고 합니다.

3 장인은 답답함을 참지 못하고 대나무 숲에 가서 경문왕의 비밀을 소리쳤습니다. 그 뒤로 바람이 불면 대나무 숲에서 "임금님의 귀는 당나귀 귀!"라는 소리가 들려왔습니다. 경문왕은 화가 난 나머지 대나무 숲을 모두 베어 버리고 새로운 나무를 심으라고 명령했습니다. 하지만 새로운 나무를 심은 숲에서도 바람이 불면 "임금님 귀는 기다랗다."라는 소리가 들려왔습니다.

4 두건을 만드는 장인은 ㉠ 경문왕의 비밀을 말하지 못하는 것을 괴로워했습니다. 그는 죽음을 앞두고 사람이 없는 ㉡ 대나무 숲에서 "임금님 귀는 당나귀 귀!"라고 크게 소리쳤습니다. 이후 바람이 불 때마다 대나무 숲에서 "임금님 귀는 당나귀 귀~." 라는 소리가 들려왔습니다.

어휘 학습

6 '흉년'은 농사가 잘되지 않은 해를 뜻합니다. 농부들이 노래를 부르고 춤을 추며 기원하는 것은 흉년이 아니라 풍년에 가깝습니다.

09 뜻을 이루지 못한 천재 최치원

본문 42~45쪽

독해 학습

1 ㉠, ㉣
2 ③, ④
3 ③
4 (1) ㉠ (2) ㉡
5 ㉠ 최치원 ㉡ 6두품

어휘 학습

6 (1) 계기 (2) 난 (3) 신선
7 (1) 개혁안 (2) 일찌감치

독해 학습

1 최치원은 신라의 6두품 출신으로 어린 나이에 당나라로 유학을 가 그곳의 관리가 되었습니다. 최치원은 신라에 돌아온 뒤, 진성 여왕에게 십여 개의 개혁안을 제안했습니다.

2 신라에서는 아무리 능력이 뛰어나도 6두품은 진골 귀족처럼 높은 관직에 오를 수 없었습니다. 반면 당나라에서는 외국인도 관직에 오를 수 있었기 때문에 최치원은 일찌감치 당나라로 유학을 가 열심히 공부했습니다.

3 황소의 난은 당나라에서 일어난 농민 반란입니다. 최치원은 당나라의 관리로 일하던 때에 황소를 꾸짖는 글을 썼습니다. 이후 그는 뛰어난 문장 솜씨를 가진 사람으로 유명해졌습니다.

4 신라는 신분에 따라 사람의 등급을 나누는 골품제가 있어 이에 따른 차별이 심했습니다. 진골 귀족들은 6두품인 최치원을 시기하며 최치원의 개혁안을 따르지 않았습니다. 한편 최치원은 뛰어난 능력을 가지고 있어도 신분의 벽에 부딪혀 자신의 뜻을 펼치지 못하는 것에 절망감을 느끼고 관직을 그만두었습니다.

5 ㉠ 최치원은 당나라로 유학을 간 뒤, 뛰어난 실력으로 시험에 합격해 당나라의 관리가 되었습니다. 최치원은 반란을 일으킨 황소를 꾸짖는 글을 써서 유명해졌습니다. 훗날 신라로 돌아온 최치원은 진성 여왕에게 개혁안을 올렸지만 ㉡ 6두품이라는 이유로 개혁을 펼치는 데 한계에 부딪혀 관직을 떠났습니다.

10 견훤, 백제의 영광을 다시 한번!

본문 46~49쪽

독해 학습

1 ㉠, ㉡
2 ㉡
3 ③
4 ㉢ → ㉣ → ㉡
5 ㉠ 견훤 ㉡ 후백제

어휘 학습

6 (1) ③ (2) ① (3) ②
7 ④

독해 학습

1 견훤은 신라의 군인이었으나 나라의 혼란을 틈타 군사를 일으켜 새 나라인 후백제를 세웠습니다.

2 견훤이 살던 때에 신라 사회는 혼란스러웠습니다. 이때 백성들은 도적이 되었고, 지방에서는 호족이 힘을 키워 자기 고장을 다스렸습니다.

3 견훤은 나라를 세우고 새 나라의 이름을 옛 백제의 영광을 되살리겠다는 뜻에서 후백제라고 지었습니다.

4 견훤은 어릴 적 ㉠ 호랑이가 와서 견훤에게 젖을 물릴 만큼 비범한 아이였습니다. 이 아이는 훗날 ㉢ 신라의 용감한 군인이 되었습니다. 하지만 신라의 사회가 매우 혼란스러워지자 ㉣ 견훤은 이 때를 틈타 군사를 일으키고, ㉡ 완산주를 수도로 삼아 새 나라 후백제를 세웠습니다.

5 아자개의 아들 ㉠ 견훤은 어려서 호랑이의 젖을 먹을 정도로 남다른 인물이었습니다. 신라의 군인이 된 견훤은 군사를 일으켜 스스로 왕이 된 뒤, 완산주를 수도로 정하고 새나라 ㉡ 후백제를 세웠습니다.

어휘 학습

7 '수탈'은 강제로 빼앗는 것을 뜻합니다. 지방관이 수탈을 했다면 백성들은 먹고살기 힘들어졌을 것입니다.

11 후고구려의 영웅, 궁예

본문 52~55쪽

독해 학습

1 ㉡ **2** ①
3 ㉠ **4** ④
5 ㉠ 궁예 ㉡ 후고구려

어휘 학습

6 (1) ② (2) ① (3) ③ **7** (1) 영광 (2) 후예

독해 학습

1 스님 궁예는 절에서 나와 세력을 키운 뒤 송악에 후고구려를 세웠습니다.

2 궁예는 세력을 키워 새 나라 후고구려를 세웠습니다.

3 궁예는 후고구려의 수도를 송악으로 정했습니다. 송악은 오늘날 북한에 위치한 개성의 옛 지명입니다.

오답 피하기

㉡ 웅주는 오늘날 충청남도 공주입니다.

㉢ 완산주는 오늘날 전라북도 전주로 견훤이 후백제의 수도로 삼은 곳입니다.

㉣ 금성은 오늘날 경상북도 경주로 신라의 수도입니다.

4 궁예는 송악 주변에 많이 살고 있는 옛 고구려 유민들의 지지를 얻기 위해 고구려를 잇겠다는 명분을 내세워 나라 이름을 후고구려라고 지었습니다.

5 신라의 왕자인 ㉠ 궁예는 태어나자마자 왕에게 버림받았습니다. 이후 궁예는 자라서 스님이 되었지만, 혼란스러운 세상을 보며 백성들을 위한 일을 해야겠다고 결심했습니다. 결국 그는 절에서 나와 세력을 키우고 송악에 ㉡ 후고구려를 세웠습니다.

12 왕건, 새로운 영웅의 등장

본문 56~59쪽

독해 학습

1 고려 **2** ㉠, ㉡ **3** ㉢ → ㉣ → ㉡
4 ④ **5** ㉠ 왕건 ㉡ 궁예

어휘 학습

6 (1) 반역 (2) 포악하다 (3) 반란
7 (1) ① (2) ②

독해 학습

1 궁예의 포악한 정치가 계속되자 왕건은 신하들과 함께 궁궐로 쳐들어가 궁예를 내쫓았습니다. 그리고 개성에 고려를 세웠습니다.

2 송악의 호족이었던 왕건은 궁예의 부하가 되어 후백제를 공격하면서 땅을 크게 넓혔습니다.

오답 피하기

㉢ 왕건은 궁예의 포악한 정치가 계속되자 신하들과 궁궐에 쳐들어가 궁예를 몰아냈습니다.

3 ㉠ 송악의 호족이었던 왕건은 궁예의 부하가 되었습니다. ㉢ 궁예가 자신을 미륵 부처라고 칭하며 자신을 따르지 않는 사람에게 벌을 주고 곁에서 충고하던 부인까지 없애자, ㉣ 그의 신하들은 궁예의 포악한 정치를 참지 못하고 왕건에게 왕이 되어 달라고 요청했습니다. ㉡ 결국 왕건은 궁예를 몰아내고 고려를 세웠습니다.

4 궁예는 부하들이 자신을 배신할까 두려워했습니다. 그래서 그는 자신이 미륵 부처이고 사람들의 마음을 꿰뚫어 볼 수 있는 능력을 가졌다고 주장하며 자신을 따르지 않는 사람들에게 벌을 주었습니다. 궁예는 이렇게 부하들에게 겁을 줘서 그들이 반란을 일으키지 못하도록 했습니다.

5 ㉠ 왕건은 후고구려를 세운 궁예의 부하로, 후백제를 공격해 땅을 넓히는 등 큰 공을 세웠습니다. 하지만 궁예가 포악한 정치를 펼치자 왕건은 ㉡ 궁예를 내쫓고 고려를 세웠습니다.

어휘 학습

7 (1) 이 문장에서 '공'은 여러 사람에게 관계되는 국가나 사회의 일이란 뜻으로 쓰였습니다.

(2) 이 문장에서 '공'은 일을 마치거나 목적을 이루는 데 들인 노력과 수고란 뜻으로 쓰였습니다.

13 운명의 라이벌, 왕건과 견훤의 한판 승부!

본문 60~63쪽

독해 학습

1 ④ **2** (1) ㉡ (2) ㉠
3 (1) ○ (2) ○ (3) X **4** ③
5 ㉠ 고창 ㉡ 통일

어휘 학습

6 (1) ③ (2) ① (3) ② **7** (1) 대우 (2) 신세

독해 학습

1 고려의 왕건은 신라의 항복을 받아 내고 신검이 이끄는 후백제군을 무찌르며 후삼국을 통일했습니다.

2 (1) 고려는 공산 전투에서 후백제에게 크게 져 많은 군사와 장군들을 잃었습니다.

(2) 고려와 후백제는 고창에서 전투를 벌였습니다. 이 전투에서 고창 지역의 많은 호족들이 고려군을 도왔고, 결국 고려는 후백제에게 크게 승리할 수 있었습니다.

3 (3) 왕건은 호족의 딸과 결혼하며 지방에서 강한 힘을 가졌던 호족들을 자신의 편으로 만들었습니다.

4 견훤은 아들에게 쫓겨나 절에 갇혔습니다. 가까스로 절에서 탈출한 견훤은 고려의 왕건에게 항복한 뒤, 후백제와 맞서 싸우는 데 앞장섰습니다.

5 왕건이 이끄는 고려군은 공산에서 후백제군에게 크게 패해 많은 군사와 장수들을 잃었습니다. 이후 왕건은 호족들을 자신의 편으로 만들어 나라를 강하게 만들었습니다. 몇 년 뒤 벌어진 ㉠ 고창 전투에서 고려군은 후백제군과 맞서 싸워 크게 이겼습니다. 이후 고려는 견훤과 신라의 항복을 받은 뒤 후백제의 신검까지 물리쳐 후삼국을 ㉡ 통일했습니다.

14 말로 고려를 구한 서희

본문 64~67쪽

독해 학습

1 서희 **2** ③
3 ㉠, ㉡, ㉣ **4** 강동 6주
5 ㉠ 고구려 ㉡ 거란

어휘 학습

6 (1) 담판 (2) 국경 (3) 교류하다 **7** ③

독해 학습

1 고려의 서희는 거란의 장수인 소손녕과 직접 담판을 벌여 말로 거란의 침입을 물리쳤습니다.

2 서희는 거란에 항복하자는 신하들의 주장에 반대하며 거란과 담판을 벌이고자 했습니다.

3 서희는 소손녕에게 고려는 고구려를 계승한 나라라는 점을 강조하며 옛 고구려의 땅은 고구려를 계승한 고려의 것이라고 주장했습니다. 또 본래 고려의 땅이었으나 여진이 막고 있는 압록강가의 땅을 고려의 땅으로 인정해 준다면 거란과 교류하겠다고 말했습니다.

4 서희는 소손녕과의 담판 이후 거란으로부터 압록강가의 땅이 고려 땅임을 인정받았습니다. 이후 고려는 압록강 동쪽의 여진을 몰아내고 강동 6주를 설치했습니다.

5 거란이 고려에 쳐들어오자 고려의 서희는 소손녕과 담판을 벌였습니다. 소손녕은 옛 고구려의 땅은 거란의 것이라며 그 땅을 넘기라고 했습니다. 이에 서희는 고려는 옛 ㉠ 고구려를 계승한 나라이기 때문에 땅을 넘겨줄 수 없다고 주장했습니다. 소손녕이 고려가 국경을 접한 ㉡ 거란은 멀리하고 송나라만 섬기는 까닭을 묻자 압록강가의 땅을 고려의 땅으로 인정해 준다면 거란과 교류하겠다고 했습니다. 결국 거란은 서희의 말을 인정하며 물러갔고 고려는 압록강 동쪽에 강동 6주를 설치해 땅을 넓혔습니다.

어휘 학습

7 '침범하다'는 함부로 쳐들어가 해치거나 건드린다는 뜻입니다. 백제가 선진 문화를 전해 주는 상황과 침범한다는 표현은 어울리지 않습니다.

15 강감찬, 위기의 고려를 구하라!

본문 68~71쪽

독해 학습

1 ㉠ → ㉣ 2 (1) X (2) O (3) O
3 ② 4 ㉢ → ㉣ → ㉡
5 ㉠ 강감찬 ㉡ 귀주 대첩

어휘 학습

6 (1) ② (2) ① (3) ③ 7 ①

독해 학습

1 거란이 강동 6주를 내놓으라 요구하며 고려에 쳐들어왔습니다. 그러자 강감찬은 귀주에서 치열한 전투를 벌여 거란군을 크게 물리쳤습니다.

2 (1) 강감찬은 다른 사람보다 작은 체격과 초라한 외모를 지녔지만 매우 용감했습니다.

3 강감찬은 소배압이 이끄는 거란군이 고려에 쳐들어오자 홍화진으로 나아갔습니다. 그리고 소가죽을 꿰매 냇가의 물을 막았습니다. 강감찬은 거란군이 냇가에 도착하자 냇물을 터뜨려 혼란스럽게 만들고는 그 기회를 틈타 혼란에 빠진 거란군을 공격해 큰 승리를 거두었습니다.

4 ㉠ 거란의 장군 소배압은 10만 군사를 이끌고 고려에 쳐들어왔습니다. 그러자 ㉢ 강감찬은 홍화진에서 거란군을 기습 공격해 큰 승리를 거두었습니다. 소배압은 이후 고려의 수도 개경까지 쳐들어갔지만, ㉣ 개경이 잘 방어되어 있는 모습을 보고 후퇴했습니다. ㉡ 강감찬은 물러나던 거란군을 귀주에서 크게 무찔렀습니다.

5 거란은 강동 6주를 요구하며 또다시 고려에 쳐들어왔습니다. ㉠ 강감찬은 홍화진에서 거란군을 크게 무찔렀을 뿐만 아니라, 귀주에서 후퇴하는 거란군을 공격해 크게 승리했습니다. 귀주에서 거란군과 싸워 크게 이긴 전투를 ㉡ 귀주 대첩이라고 합니다.

어휘 학습

7 빈칸에는 '크게 이긴 전쟁'이라는 뜻을 가진 '대첩'이 가장 적절합니다.

16 꼬레아! 고려의 국제 무역항 벽란도

본문 74~77쪽

독해 학습

1 벽란도
2 (1) 낙동강 → 예성강 (2) 당나라 → 송나라
3 (1) ㉡ (2) ㉢ (3) ㉠ 4 ③
5 ㉠ 무역항 ㉡ 아라비아

어휘 학습

6 (1) 하구 (2) 특산품 (3) 아라비아
7 (1) 비단 (2) 향료

독해 학습

1 벽란도는 예성강 하구에 있는 고려의 국제 무역항입니다. 송나라, 일본, 아라비아 등 외국의 상인들은 벽란도에서 고려와 교류했습니다.

2 (1) 벽란도는 예성강 하구에 위치한 고려의 무역항입니다.

(2) 송나라, 일본, 아라비아의 상인들이 벽란도를 찾아왔습니다.

3 (1) 고려의 인삼과 금, 은 등은 외국 상인들에게 인기가 많았습니다. 인삼은 고려의 특산품이었고 금과 은은 다른 나라보다 저렴했기 때문입니다.

(2) 송나라 상인들은 질이 좋은 고려의 종이를 사고 고려에 송나라의 비단과 약재, 책을 팔았습니다.

(3) 아라비아 상인들은 산호나 향료, 보석들을 가져와 팔고 고려의 금과 은을 사갔습니다.

4 아라비아 상인들도 고려에 찾아와 교류를 했습니다. 그들은 고려를 '꼬레아'라고 불렀는데, 우리나라의 영어 이름인 '코리아'는 이 '꼬레아'에서 비롯되었습니다.

5 벽란도는 예성강의 하구에 위치한 고려의 국제 ㉠ 무역항으로 바다를 건너 개경에 들어오기 위해서는 꼭 거쳐야하는 곳이었습니다. 벽란도에는 송나라, 일본, ㉡ 아라비아 상인 등 세계 여러 나라 사람들이 찾아와 고려의 특산품을 사고, 가져온 물건들을 팔았습니다.

17 스님이 된 고려의 왕자, 의천

본문 78~81쪽

독해 학습

1 송나라 2 (1) 왕후 (2) 반대 (3) 불교
3 ③ 4 ④
5 ㉠ 의천 ㉡ 천태종

어휘 학습

6 (1) ③ (2) ① (3) ② 7 ④

독해 학습

1 고려의 왕자 출신으로 스님이 된 의천은 송나라에 유학을 가 불교 공부를 하고 고려로 돌아왔습니다.

2 (1) 문종의 넷째 아들 왕후는 스님이 되어 의천이라는 이름을 얻었습니다.

(2) 고려의 신하들은 왕자를 함부로 외국에 보낼 수 없다며 송나라로 공부하러 가겠다는 의천의 말에 반대했습니다.

(3) 의천은 송나라에서 불교를 공부한 뒤 수천 권의 불교 책을 가지고 고려에 돌아왔습니다.

3 의천은 고려의 왕자 출신으로 열한 살의 나이에 스님이 되었습니다. 의천은 자신의 공부가 부족하다고 생각해 몰래 송나라로 유학을 떠났습니다. 의천은 고려에 돌아온 후, 여러 개로 나뉜 고려 불교의 종파를 하나로 모았습니다.

4 의천이 유학을 마치고 고려로 돌아왔을 때 고려의 불교는 불경을 읽고 공부해야 부처님의 깨달음을 얻을 수 있다는 종파와 참선을 통해 마음을 갈고닦아야 깨달음을 얻을 수 있다는 종파 등으로 나뉘어졌습니다. 의천은 다툼을 없애고 나누어진 고려의 불교를 하나로 모으고자 천태종을 세웠습니다.

5 어린 나이에 스님이 된 고려의 왕자 ㉠ 의천은 불교가 발전한 송나라로 유학을 갔습니다. 송나라에서 불교를 공부하고 돌아온 의천은 ㉡ 천태종을 세워 나누어졌던 불교 종파를 하나로 모아 고려의 불교를 발전시켰습니다.

어휘 학습

7 '어떤 일을 한 뒤에 얻어지는 좋은 결과나 만족감'이라는 뜻을 가진 낱말은 '보람'입니다.

18 고려에 번진 청자의 푸른 빛

본문 82~85쪽

독해 학습

1 상감 2 ②
3 ③ 4 ㉠ 청자 ㉡ 고려

어휘 학습

5 (1) ③ (2) ② (3) ① 6 ①

독해 학습

1 상감 기법은 반만 건조된 그릇의 표면에 무늬를 새긴 뒤 다른 색 흙으로 무늬를 메워 구워 내고 유약을 발라 다시 구워 청자에 무늬를 넣는 기법입니다.

2 중국 송나라의 사신이었던 서긍은 한 달 동안 고려에 머물면서 『고려도경』이라는 책을 지어 고려의 사정을 중국에 소개했습니다. 이 책에서 서긍은 고려청자의 제작 기술과 비색에 대해서 칭찬했습니다.

오답 피하기

② 백자에 청색 안료로 무늬를 그려 구워 낸 조선 시대 청화 백자입니다.

3 고려에서는 찻잔, 주전자뿐만 아니라 꽃병, 의자, 베개와 같은 생활용품까지 청자로 만들었습니다.

오답 피하기

① 청자는 중국에서 가장 먼저 만들어졌습니다.

② 이 글에서 고려청자의 비색을 칭찬한 나라는 중국입니다.

④ 상감 기법으로 만들어진 청자는 고려의 독창적인 예술품입니다.

4 고려를 대표하는 예술품인 고려 ㉠ 청자는 찻잔, 주전자, 의자, 베개 등 다양한 용도로 쓰였습니다. 상감 기법으로 만든 고려 청자는 ㉡ 고려의 독창적인 예술품입니다.

어휘 학습

6 빈칸에는 '새로운 것을 처음으로 만들어 내거나 생각해 내는 것'이라는 뜻을 가진 낱말인 '독창적'이 가장 적절합니다.

19 여진족을 물리치기 위한 윤관의 전략

본문 86~89쪽

독해 학습

1 ㉠ 별무반 ㉡ 여진족
2 (1) 여진족 (2) 별무반 (3) 동북 9성
3 (1) 신보군 (2) 항마군 (3) 신기군
4 ④
5 ㉠ 윤관 ㉡ 동북 9성

어휘 학습

6 (1) ② (2) ① (3) ③
7 (1) 혹독한 (2) 성과

독해 학습

1 고려는 북쪽의 여진족이 자주 국경선을 넘어오자, 기병이 중심이 되는 특별한 군대인 별무반을 만들어 여진족을 크게 물리쳤습니다.

2 (1) 고려 북쪽에 살던 여진족은 자주 국경선을 넘어와 고려의 백성들을 괴롭혔습니다.

(2) 고려는 여진족을 물리치기 위해 기병을 중심으로 하는 특별한 군대인 별무반을 만들었습니다.

(3) 윤관은 여진족을 몰아낸 뒤 그들이 살던 땅에 동북 9성을 쌓았습니다.

3 (1) 신보군은 걸어 다니며 싸우는 보병 부대를 가리킵니다.

(2) 항마군은 스님으로 구성된 부대를 가리킵니다.

(3) 신기군은 기병으로 구성된 부대로 별무반의 핵심 군대였습니다.

4 여진족의 군대는 말을 타고 싸우는 기병이지만 고려의 군대는 보병으로 이루어져 적을 물리치기 어려웠습니다. 따라서 윤관은 여진족의 군대를 상대하기 위해서는 기병을 중심으로 하는 특별한 부대가 필요하다고 생각했습니다.

5 고려는 국경선을 자주 침범하는 여진족을 공격했으나 크게 지고 말았습니다. 그러자 ㉠ 윤관은 여진족의 군사들과 싸워 이기기 위해 기병을 중심으로 하는 별무반을 만들었습니다. 윤관은 별무반을 이끌고 여진족을 몰아낸 뒤, 그들이 살던 땅에 ㉡ 동북 9성을 쌓아 북쪽으로 영토를 크게 넓혔습니다.

20 묘청, 서경으로 수도를 옮겨라!

본문 90~93쪽

독해 학습

1 ④
2 (1) O (2) O (3) X
3 (1) ㉡ (2) ㉢ (3) ㉠
4 ②
5 ㉠ 묘청 ㉡ 서경

어휘 학습

6 (1) ② (2) ① (3) ③
7 ③

독해 학습

1 풍수지리에 밝았던 스님 묘청은 고려의 수도를 개경에서 서경으로 옮기자고 주장했습니다. 그러나 서경 천도가 실패하자 반란을 일으켰습니다.

2 (3) 개경의 귀족들은 서경 천도를 주장하는 묘청의 말에 반대했습니다.

3 (1) 인종이 다스리던 때에 고려는 반란으로 사회가 혼란스러웠고, 금나라를 큰 나라로 섬겨야했습니다. 인종은 나라가 안팎으로 어수선한 상황 속에서 사회를 안정시키고 나라를 강하게 만들 방법을 찾았습니다.

(2) 묘청은 서경의 기운이 좋다는 것을 내세우며 인종을 설득해 고려의 수도를 서경으로 옮기고자 했습니다.

(3) 개경의 귀족들을 대표하는 인물인 김부식은 서경은 좋은 땅이 아니며 서경에 천도하는 것만으로는 금나라를 이길 수 없다고 주장했습니다.

4 인종이 서경 천도를 포기하자, 묘청은 서경에서 반란을 일으켜 새 나라를 세우려고 했습니다.

5 고려의 스님 ㉠ 묘청은 기운이 다한 개경 대신 ㉡ 서경으로 천도할 것을 주장했습니다. 그러나 개경 귀족들의 반대로 천도에 실패하자, 서경에서 반란을 일으켰습니다. 묘청의 반란은 김부식에 의해 진압되었습니다.

어휘 학습

7 '천도하다'는 수도를 옮긴다는 뜻입니다. 과학실을 2층에서 3층으로 옮기는 것은 천도보다는 이동에 가깝습니다.

21 피로 권력을 차지한 정중부

본문 96~99쪽

독해 학습

1 ① 무신 정변 ② 문신 ③ 정중부　2 ④
3 보현원　4 ②, ③
5 ㉠ 무신 ㉡ 이의방

어휘 학습

6 (1) 총애하다 (2) 무술 (3) 격려하다　7 ③

독해 학습

1 ① 고려의 무신들이 반란을 일으켜 문신들을 제거하고 권력을 차지한 사건을 무신 정변이라고 합니다.
② 문과 시험을 합격한 관리를 문신이라고 합니다.
③ 정중부는 보현원에서 난을 일으켜 권력을 차지했습니다. 이후 같이 정변을 일으킨 이의방을 죽이고 고려 최고의 권력자가 되었습니다.

2 고려의 왕 의종이 그가 총애하던 문신들과 매일같이 잔치를 벌이자 무신들은 불만을 품었습니다. 참다못한 정중부, 이의방, 이고 등의 무신들은 반란을 일으키기로 결심했습니다. 결국 무신들은 보현원에서 난을 일으켜 문신들을 제거하고 권력을 차지했습니다.

3 보현원은 고려 의종이 연못을 만들어 놀이를 하던 곳입니다. 정중부를 비롯한 무신들은 보현원에서 술에 취한 왕과 문신들을 공격하며 반란을 일으켰습니다.

4 고려의 최고 권력자가 된 정중부는 나라를 잘 다스리는 데 관심을 기울이기보다 백성들에게 많은 세금을 거두고 토지를 마구 빼앗는 데 열중했습니다. 결국 백성들의 삶은 이전보다 더 어려워졌습니다.

5 정중부와 고려의 ㉠ 무신들은 정변을 일으켜 문신들을 없애고 권력을 차지했습니다. 이 사건을 무신 정변이라고 합니다. 무신 정변이 일어난 뒤, 정중부는 같은 무신이었던 ㉡ 이의방을 죽이고 고려 최고의 권력자가 되었습니다.

어휘 학습

7 빈칸에는 '반란이나 혁명으로 인해 나라를 다스리던 권력이 바뀌는 일'이라는 뜻을 가진 낱말인 '정변'이 가장 적절합니다.

22 만적, 노비 없는 세상을 꿈꾸다

본문 100~103쪽

독해 학습

1 ㉢　2 ④
3 ③　4 ④
5 ㉠ 만적 ㉡ 노비

어휘 학습

6 (1) ③ (2) ② (3) ①　7 ③

독해 학습

1 노비 만적은 동료 노비들과 함께 난을 일으켜 천민이 없는 세상을 만들려고 했습니다.

2 만적은 신분이 천하더라도 기회만 되면 누구나 장군과 재상이 될 수 있다면서 동료 노비들을 설득했습니다.

오답 피하기

① 서경으로 수도를 옮기자고 주장한 사람은 묘청입니다.
② 보현원에서 난을 일으킨 사람은 정중부입니다.
③ 만적과 노비들은 계획했던 난이 발각되면서 강물에 던져져 죽임을 당했습니다.

3 무신 정변이 일어난 뒤, 신분이 천하더라도 높은 벼슬을 한 사람들이 많이 나왔습니다. 이에 만적은 신분이 천하더라도 기회만 있다면 누구나 장군과 재상이 될 수 있다고 생각해 난을 일으켜 노비 문서를 불태우고 이 땅에서 천민을 없애려고 했습니다.

4 노비 순정은 만적의 난이 실패할까봐 두려웠습니다. 그래서 혼자라도 살아남기 위해 자신의 주인에게 만적의 계획에 대해 사실대로 털어놓았습니다. 이 일로 순정은 최충헌에게 상을 받고 만적과 노비들은 죽음을 맞이했습니다.

5 ㉠ 만적은 ㉡ 노비들을 모아 난을 일으키려 했습니다. 하지만 만적의 난은 노비 순정의 고발로 실패하고 말았습니다.

어휘 학습

7 '애써 한 일이 쓸모없게 된 상태를 빗대어 이르는 말'이라는 뜻을 가진 낱말은 '물거품'입니다.

23 몽골군에 맞서 싸운 스님, 김윤후

본문 104~107쪽

독해 학습

1 김윤후　2 ㉢ → ㉣ → ㉠
3 ③　4 ③
5 ㉠ 처인성 ㉡ 충주성

어휘 학습

6 (1) 산성 (2) 피란 (3) 사령관　7 ②

독해 학습

1 김윤후는 중국 북쪽의 몽골군이 쳐들어오자 처인성에서 목숨을 걸고 맞서 싸웠습니다. 후에 김윤후는 충주성의 관리가 되어 백성들을 격려하며 몽골군과 싸워 충주성을 지켜 내었습니다.

2 몽골이 고려에 쳐들어오자, ㉡ 고려 정부는 몽골군을 피해 강화도로 수도를 옮겼습니다. ㉢ 또다시 몽골군이 고려에 쳐들어오자 스님 김윤후와 백성들은 처인성으로 피란을 갔습니다. 몽골군은 처인성을 매섭게 공격했지만 결국 성을 무너뜨리지 못했고 ㉣ 몽골군 사령관은 전투 중에 화살을 맞아 죽었습니다. 20여 년 뒤, 몽골군이 다시 충주성에 쳐들어오자 ㉠ 김윤후는 충주성의 백성들과 함께 몽골군의 거센 공격을 막아 냈습니다.

3 고려 정부가 몽골을 피해 수도를 옮긴 곳은 강화도입니다.

4 김윤후는 충주성 전투에서 백성들에게 누구든 열심히 싸운다면 신분에 상관없이 벼슬을 주겠다고 말했습니다. 그리고 노비들의 이름이 적힌 문서를 모아 불태우고 몽골군에게서 빼앗은 소와 말을 나누어 주었습니다. 이러한 김윤후의 행동은 떨어졌던 백성들의 사기를 크게 일으켜 세웠습니다.

5 김윤후는 ㉠ 처인성 전투에서 백성들을 모아 몽골군에 맞서 싸웠습니다. 이 전투에서 몽골군 사령관이 죽음을 맞이했습니다. 20년이 지난 뒤 벌어진 몽골과의 ㉡ 충주성 전투에서는 식량이 다 떨어지는 위태로운 상황에서도 백성들을 격려하고 사기를 북돋으며 몽골군의 거센 공격으로부터 충주성을 지켜 내었습니다.

어휘 학습

7 '일이 되어가는 분위기'라는 뜻을 가진 낱말은 '기미'입니다.

24 팔만대장경, 부처님의 힘으로 나라를 지키다

본문 108~111쪽

독해 학습

1 팔만대장경　2 ②, ④
3 ③　4 ㉣ → ㉢ → ㉡
5 ㉠ 몽골 ㉡ 목판

어휘 학습

6 (1) ② (2) ③ (3) ①　7 ④

독해 학습

1 고려는 부처님의 힘으로 몽골군을 물리치기 위해 대장경을 만들었습니다. 이 대장경은 목판의 개수가 팔만 장이 넘어 팔만대장경이라고 합니다.

2 팔만대장경은 몽골과의 전쟁이 끝나길 바라는 마음에서 만들어졌습니다. 완성된 목판은 팔만 장이 넘고 글자는 한 사람이 쓴 것처럼 고르고 정확합니다.

오답 피하기

① 팔만대장경은 목판을 찍어 내 만들었습니다.

③ 한 목판에는 여러 글자가 새겨져 있어 한 글자라도 잘못 새기면 목판을 사용할 수 없었습니다.

3 팔만대장경은 오늘날 경상남도 합천군 가야면 해인사에 있는 장경판전에 보관되어 있습니다. 해인사의 장경판전은 그 가치를 인정받아 1995년에 유네스코 세계 문화유산으로 등재되었습니다.

4 팔만대장경을 만드는 과정은 다음과 같습니다. ㉠ 2년간 바닷물에 나무를 담가 놓은 뒤, ㉣ 바닷물에 담가 놓았던 나무를 잘라 소금물에 삶고 1년간 건조해 목판을 만듭니다. 이 과정을 거치면 목판이 뒤틀리지 않습니다. 준비된 목판에 몽골과의 전쟁이 끝나길 바라는 마음을 담아 ㉢ 절을 하며 글자를 새깁니다. 그리고 ㉡ 목판을 종이에 찍어 내 글자가 잘 새겨졌는지 확인합니다.

5 고려는 ㉠ 몽골이 쳐들어오자 부처님의 힘으로 위기를 극복하고자 했습니다. 그래서 몽골과의 전쟁이 끝나길 바라는 마음을 담아 ㉡ 목판에 대장경을 새겼습니다. 이렇게 만든 대장경을 팔만대장경이라고 합니다.

어휘 학습

7 '목판'은 글이나 그림 등을 새긴 인쇄용 나무 판이라는 뜻입니다. 『직지』는 목판이 아니라 금속 활자로 찍어 낸 책입니다.

25 삼별초, 몽골에 끝까지 저항하다!

본문 112~115쪽

독해 학습

1 삼별초 2 ①, ④
3 ② 4 ③
5 ㉠ 진도 ㉡ 제주도

어휘 학습

6 (1) ③ (2) ① (3) ② 7 (1) 정권 (2) 연합

독해 학습

1 삼별초는 최씨 무신 정권의 사병이었는데, 고려 정부가 몽골에 항복하고 개경으로 수도를 옮기자 강화도에서 난을 일으켰습니다. 삼별초는 진도와 제주도로 계속해서 근거지를 옮기며 고려와 몽골 연합군에 맞서 싸웠습니다.

2 진도는 물살이 거세 적을 방어하기가 좋았습니다. 또한 경상도와 전라도에서 세금을 거둔 배가 지나가는 길목에 있었기 때문에 배들을 공격해 곡식을 차지하기에 좋았습니다.

3 삼별초는 몽골군에 항복한 고려 정부와 달리 오랫동안 백성들을 괴롭힌 몽골군에 끝까지 맞서 싸웠습니다. 이를 본 많은 백성들은 몽골에 맞서 싸운 삼별초를 지지하며 따랐습니다.

4 김윤후가 몽골의 침입을 물리친 곳은 처인성과 충주성입니다.

5 고려는 몽골의 계속된 침입에 항복하고 말았습니다. 그리고 수도를 강화도에서 개경으로 옮겼습니다. 삼별초는 이 같은 고려 정부의 결정에 반대하며 난을 일으켜 ㉠ 진도에서 맞서 싸웠습니다. 삼별초는 고려와 몽골 연합군의 공격에 크게 패해 진도를 빼앗기고 ㉡ 제주도로 근거지를 옮겼으나 끝내 진압되고 말았습니다.

26 원나라의 간섭에 고통받은 고려의 백성들

본문 118~121쪽

독해 학습

1 ① 2 (1) O (2) O (3) X
3 ③ 4 (1) ㉠ (2) ㉡
5 ㉠ 원나라 ㉡ 공녀

어휘 학습

6 (1) ③ (2) ② (3) ① 7 ④

독해 학습

1 원나라는 고려가 하는 모든 일에 간섭을 하며 특산물, 매, 공녀 등을 강제로 빼앗아갔습니다. 이에 고려 백성들은 큰 고통을 겪어야만 했습니다.

2 (3) 고려의 여성들은 원나라에 끌려가 공녀가 되었는데, 이들은 대부분은 하녀가 되어 힘겹게 살아갔습니다.

3 무신들이 문신을 죽이고 권력을 잡은 사건인 무신 정변은 고려가 몽골에 항복하기 이전의 일입니다.

4 (1) 고려는 원나라가 요구한 공녀의 수를 맞추기 위해 여성들을 강제로 뽑아갔습니다. 이에 고려의 백성들은 딸을 빼앗기지 않기 위해 꽁꽁 숨겨서 키우거나 일찍 결혼시켰습니다.

(2) 권문세족은 원나라의 힘을 등에 업고 출세해 고려의 지배 세력이 된 사람들입니다.

5 ㉠ 원나라는 고려의 항복 이후 고려의 일에 간섭하기 시작했습니다. 고려의 왕자는 원나라에서 생활해야 했으며 원나라 공주와 결혼을 해야 고려의 왕위에 오를 수 있었습니다. 또한 고려는 원나라에 금, 은, 인삼 등 특산물은 물론 고려의 여성들까지 ㉡ 공녀로 바쳐야 했습니다.

어휘 학습

7 빈칸에는 '말이 통하지 않는 사람들 사이에서 말이 통하도록 옮겨 주다'라는 뜻을 가진 '통역'이 가장 적절합니다.

27 원나라의 간섭에서 벗어나려 한 공민왕

본문 122~125쪽

독해 학습

1 ㉢ 2 (1) X (2) O (3) X
3 ㉡ 4 강동 6주 → 쌍성총관부
5 ㉠ 기철 ㉡ 철령

어휘 학습

6 (1) ② (2) ① (3) ③ 7 (1) 자존심 (2) 이북

독해 학습

1 공민왕은 원나라에 기대 권력을 휘두른 기철과 권문세족들을 제거하고 고려의 정치에 간섭하던 기관들을 없애며 원나라의 간섭에서 벗어나려고 했습니다.

2 (1) 공민왕은 큰 잔치에 기철과 권문세족들을 초대해 한 번에 그들을 제거했습니다.

(3) 일부 권문세족은 원나라에 기대 권력을 마구 휘둘렀습니다.

3 원나라는 정동행성이라는 기관을 통해 고려의 정치에 간섭했습니다. 이에 공민왕은 정동행성을 없애 고려의 정치를 바로잡으려고 했습니다.

4 공민왕은 원나라가 철령 이북의 땅을 직접 다스리기 위해 설치했던 쌍성총관부를 공격해 원나라에게 빼앗겼던 땅을 되찾고 고려의 자존심을 세웠습니다.

오답 피하기

강동 6주는 압록강 하류 동쪽에 위치한 지역으로 서희가 거란과의 담판을 통해 얻은 땅입니다.

5 공민왕은 원나라의 간섭에서 벗어나기 위한 개혁정책을 펼쳤습니다. 먼저 원나라를 믿고 권력을 휘두르며 횡포를 부리던 ㉠ 기철과 권문세족들을 없앴습니다. 그리고 고려의 정치에 간섭해 온 정동행성을 없애고 쌍성총관부를 공격해 ㉡ 철령 이북의 땅을 되찾으며 고려의 자주성을 되찾았습니다.

28 공민왕의 개혁을 도운 신돈

본문 126~129쪽

독해 학습

1 ㉠ 신돈 ㉡ 전민변정도감 2 ④
3 ㉡, ㉢ 4 ③
5 ㉠ 공민왕 ㉡ 노비

어휘 학습

6 (1) 임명하다 (2) 가문 (3) 뇌물 7 (1) ② (2) ①

독해 학습

1 공민왕은 스님인 신돈을 재상으로 임명했습니다. 신돈은 전민변정도감을 설치해 과감한 개혁을 펼쳐 나갔습니다.

2 당시 고려의 신하들은 서로 친척 관계나 스승과 제자 관계로 연결되어 있었기 때문에 과감한 개혁을 실시하는 데 어려움이 있었습니다. 이에 공민왕은 권력을 가진 사람들과 인연이 없는 신돈을 재상으로 임명하고 큰 권력을 주어 개혁을 실시하게 했습니다.

3 신돈은 전민변정도감을 설치해 강제로 노비가 된 백성들을 풀어 주었고, 억울하게 빼앗긴 땅을 원래 주인에게 돌려주었습니다.

4 신하들은 신돈의 개혁에 불만을 가졌습니다. 그래서 그들은 공민왕과 신돈 사이를 이간질했습니다. 공민왕은 계속되는 신하들의 이간질에 신돈을 의심하기 시작했고 결국 그를 없애 버렸습니다.

5 신돈은 ㉠ 공민왕의 명으로 재상이 되어 왕에 버금가는 큰 권력을 받았습니다. 그는 전민변정도감을 설치해 백성들이 빼앗긴 땅을 돌려주고 강제로 ㉡ 노비가 된 사람들을 풀어 주었습니다. 백성들은 이러한 신돈의 개혁을 반겼으나 신하들은 크게 불만을 품었고, 결국 신돈은 신하들의 이간질에 의해 공민왕에게 제거되었습니다.

어휘 학습

7 (1) 이 문장에서 '성인'은 지혜와 덕이 뛰어나 본받을 만한 사람이라는 뜻으로 쓰였습니다.

(2) 이 문장에서 '성인'은 자라서 어른이 된 사람이라는 뜻으로 쓰였습니다.

29 문익점, 목화로 따뜻한 겨울을 만들다

본문 130~133쪽

독해 학습

1 목화씨 2 ④
3 ㉣ → ㉢ → ㉡ 4 ②
5 ㉠ 문익점 ㉡ 무명옷

어휘 학습

6 (1) ① (2) ② (3) ③ 7 ③

독해 학습

1 원나라에 사신으로 갔다가 돌아오는 길에 목화를 본 문익점은 목화씨를 가져왔습니다. 그가 가져온 목화씨로 만든 무명옷 덕분에 고려의 백성들은 따뜻한 겨울을 보낼 수 있게 되었습니다.

2 비단으로 만든 옷은 따뜻했지만 비쌌기 때문에 고려의 귀족들만 입을 수 있었습니다. 백성들은 비싼 비단옷을 입을 수 없었기 때문에 추운 겨울에도 거칠고 얇은 삼베옷을 입었습니다.

3 ㉠ 원나라에 사신으로 갔던 문익점은 고려에 목화씨를 가져왔습니다. ㉣ 문익점과 그의 장인은 목화씨를 심었습니다. ㉢ 마침내 문익점과 장인은 목화 재배에 성공했고 목화를 키우는 방법을 깨우친 뒤 목화씨를 백성들에게 나누어 주었습니다. 이후 ㉡ 고려 백성들은 목화솜으로 옷을 지어 입을 수 있게 되었습니다.

4 고려의 귀족들은 비단으로 만든 따뜻한 옷을 입어 겨울을 날 수 있지만 백성들은 거칠고 얇은 삼베옷만 입고 겨울을 버텨야 했습니다. 문익점은 이러한 사실을 떠올리고 원나라에서 목화씨를 얻어 고려로 돌아갔습니다.

5 ㉠ 문익점은 고려 백성들을 위해 원나라에서 목화씨를 가져왔습니다. 문익점과 그의 장인이 노력한 끝에 목화 재배가 성공하면서 고려의 백성들은 목화에서 열리는 목화솜으로 ㉡ 무명옷을 만들어 입을 수 있게 되었습니다.

어휘 학습

7 '기온, 비, 눈, 바람 따위의 상태'라는 뜻을 가진 낱말은 '기후'입니다.

30 최영, 고려에서 왜구를 쫓아내다!

본문 134~137쪽

독해 학습

1 ㉠ → ㉣ 2 ④
3 왜구 4 ②
5 ㉠ 최영 ㉡ 홍산

어휘 학습

6 (1) ③ (2) ② (3) ① 7 (1) 재물 (2) 절벽

독해 학습

1 고려의 우왕이 나라를 다스릴 때, 왜구가 말썽을 부리자 최영은 왜구가 모여 있는 홍산으로 가서 용감하게 왜구를 물리쳤습니다.

2 최영은 권력을 이용해 재산을 모으거나 다른 사람을 괴롭히지 않는 등 검소하고 강직한 성격을 가졌습니다. 이는 최영이 반란군을 막아 낸 뒤 반란군의 보물에 욕심을 가진 신하들에게 호통친 최영의 일화에서 알 수 있습니다.

3 왜구는 '왜나라의 도적'이라는 뜻을 가진 낱말입니다. 옛날 우리나라와 중국에서는 일본을 '왜(倭)'라고 불렀습니다. 이들은 고려의 섬이나 해안가, 내륙 깊숙이까지 쳐들어와 고려 백성들을 죽이고 재물을 빼앗았습니다.

4 나누어진 고려의 불교 종파를 하나로 모은 사람은 의천입니다.

5 고려의 장군 ㉠ 최영은 검소하고 강직한 성격을 가졌으며 자신의 권력을 이용해 재산을 모으거나 남을 괴롭히지 않아 많은 사람들의 존경을 받았습니다. 최영은 공민왕을 죽이려고 하는 반란군을 막아 내었을 뿐만 아니라 고려에 쳐들어와 백성들을 괴롭히던 왜구를 ㉡ 홍산에서 크게 물리치는 등 수많은 활약을 했습니다.

역사 놀이터 정답

본문 28쪽

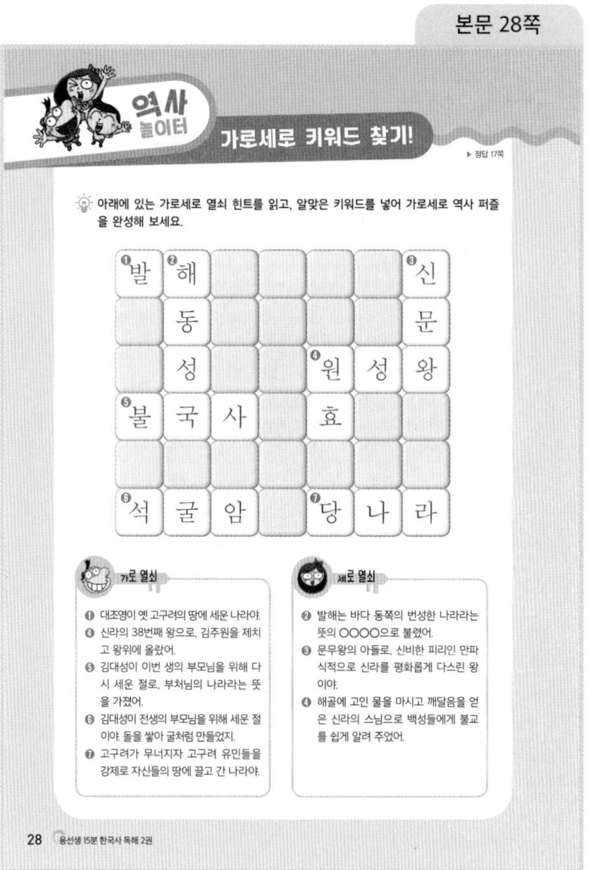

역사 놀이터 **가로세로 키워드 찾기!** ▶ 정답 17쪽

아래에 있는 가로세로 열쇠 힌트를 읽고, 알맞은 키워드를 넣어 가로세로 역사 퍼즐을 완성해 보세요.

❶발	❷해					❸신
	동					문
	성			❹원	성	왕
❺불	국	사		효		
❻석	굴	암		❼당	나	라

가로 열쇠

❶ 대조영이 옛 고구려의 땅에 세운 나라야.
❹ 신라의 38번째 왕으로, 김주원을 제치고 왕위에 올랐어.
❺ 김대성이 이번 생의 부모님을 위해 다시 세운 절로, 부처님의 나라라는 뜻을 가졌어.
❻ 김대성이 전생의 부모님을 위해 세운 절이야. 돌을 쌓아 굴처럼 만들었지.
❼ 고구려가 무너지자 고구려 유민들을 강제로 자신들의 땅에 끌고 간 나라야.

세로 열쇠

❷ 발해는 바다 동쪽의 번성한 나라라는 뜻의 OOOO으로 불렸어.
❸ 문무왕의 아들로, 신비한 피리인 만파식적으로 신라를 평화롭게 다스린 왕이야.
❹ 해골에 고인 물을 마시고 깨달음을 얻은 신라의 스님으로 백성들에게 불교를 쉽게 알려 주었어.

28 용선생 15분 한국사 독해 2권

본문 50쪽

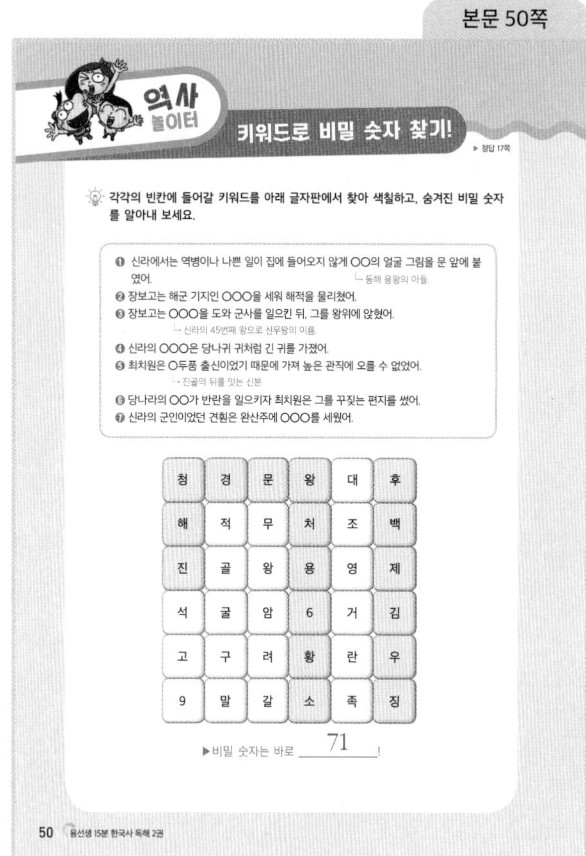

역사 놀이터 **키워드로 비밀 숫자 찾기!** ▶ 정답 17쪽

각각의 빈칸에 들어갈 키워드를 아래 글자판에서 찾아 색칠하고, 숨겨진 비밀 숫자를 알아내 보세요.

❶ 신라에서는 역병이나 나쁜 일이 집에 들어오지 않게 OO의 얼굴 그림을 문 앞에 붙였어. (→ 동해 용왕의 아들.)
❷ 장보고는 해군 기지인 OOO을 세워 해적을 물리쳤어.
❸ 장보고는 OOO을 도와 군사를 일으킨 뒤, 그를 왕위에 앉혔어. (→ 신라의 45번째 왕으로 신무왕의 이름.)
❹ 신라의 OOO은 당나귀 귀처럼 긴 귀를 가졌어.
❺ 최치원은 O두품 출신이었기 때문에 가져 높은 관직에 오를 수 없었어. (→ 진골의 뒤를 잇는 신분.)
❻ 당나라의 OO가 반란을 일으키자 최치원은 그를 꾸짖는 편지를 썼어.
❼ 신라의 군인이었던 견훤은 완산주에 OOO를 세웠어.

청	경	문	왕	대	후
해	적	무	처	조	백
진	골	왕	용	영	제
석	굴	암	6	거	김
고	구	려	황	란	우
9	말	갈	소	족	징

▶비밀 숫자는 바로 71 !

50 용선생 15분 한국사 독해 2권

본문 72쪽

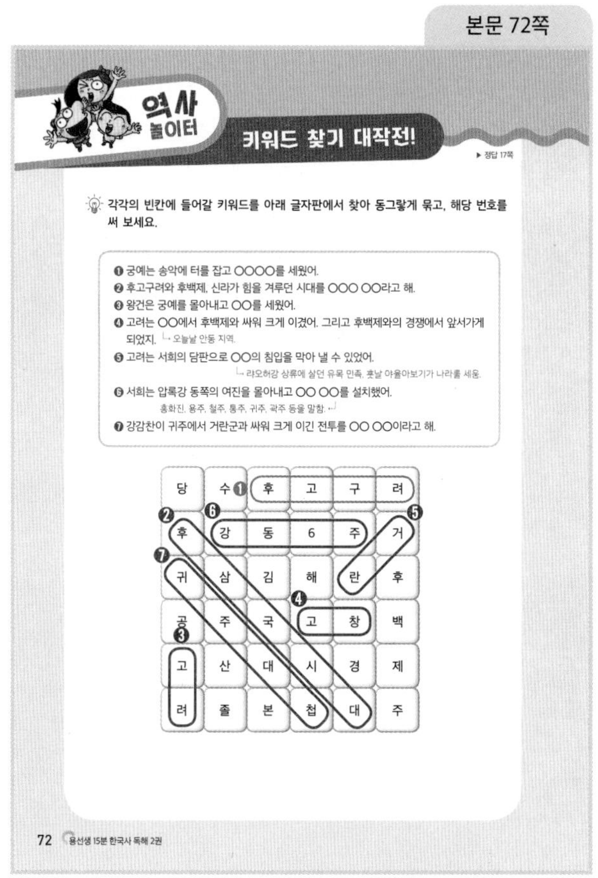

역사 놀이터 **키워드 찾기 대작전!** ▶ 정답 17쪽

각각의 빈칸에 들어갈 키워드를 아래 글자판에서 찾아 동그랗게 묶고, 해당 번호를 써 보세요.

❶ 궁예는 송악에 터를 잡고 OOOO를 세웠어.
❷ 후고구려와 후백제, 신라가 힘을 겨루던 시대를 OOO OO라고 해.
❸ 왕건은 궁예를 몰아내고 OO를 세웠어.
❹ 고려는 OO에서 후백제와 싸워 크게 이겼어. 그리고 후백제와의 경쟁에서 앞서가게 되었지. (→ 오늘날 안동 지역.)
❺ 고려는 서희의 담판으로 OO의 침입을 막아 낼 수 있었어. (→ 랴오허강 상류에 살던 유목 민족. 훗날 야율아보기가 나라를 세움.)
❻ 서희는 압록강 동쪽의 여진을 몰아내고 OO OO를 설치했어. (흥화진, 용주, 철주, 통주, 귀주, 곽주 등을 말함.)
❼ 강감찬이 귀주에서 거란군과 싸워 크게 이긴 전투를 OO OO이라고 해.

당	수	후	고	구	려
후	강	동	6	주	거
귀	삼	김	해	란	후
공	주	국	고	창	백
고	산	대	시	경	제
려	졸	본	첩	대	주

72 용선생 15분 한국사 독해 2권

본문 94쪽

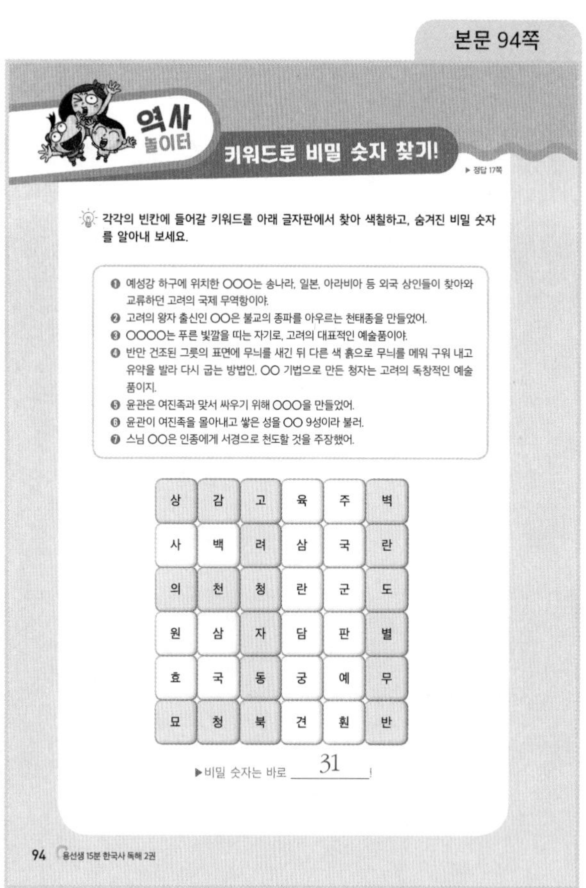

역사 놀이터 **키워드로 비밀 숫자 찾기!** ▶ 정답 17쪽

각각의 빈칸에 들어갈 키워드를 아래 글자판에서 찾아 색칠하고, 숨겨진 비밀 숫자를 알아내 보세요.

❶ 예성강 하구에 위치한 OOO는 송나라, 일본, 아라비아 등 외국 상인들이 찾아와 교류하던 고려의 국제 무역항이야.
❷ 고려의 왕자 출신인 OO은 불교의 종파를 아우르는 천태종을 만들었어.
❸ OOOO는 푸른 빛깔을 띠는 자기로, 고려의 대표적인 예술품이야.
❹ 반만 건조된 그릇의 표면에 무늬를 새긴 뒤 다른 색 흙으로 무늬를 메워 구워 내고 유약을 발라 다시 굽는 방법인, OO 기법으로 만든 청자는 고려의 독창적인 예술품이지.
❺ 윤관은 여진족과 맞서 싸우기 위해 OOO을 만들었어.
❻ 윤관이 여진족을 몰아내고 쌓은 성을 OO 9성이라 불러.
❼ 스님 OO은 인종에게 서경으로 천도할 것을 주장했어.

상	감	고	육	주	벽
사	백	려	삼	국	란
의	천	청	란	군	도
원	삼	자	담	판	별
효	국	동	궁	예	무
묘	청	북	견	훤	반

▶비밀 숫자는 바로 31 !

94 용선생 15분 한국사 독해 2권

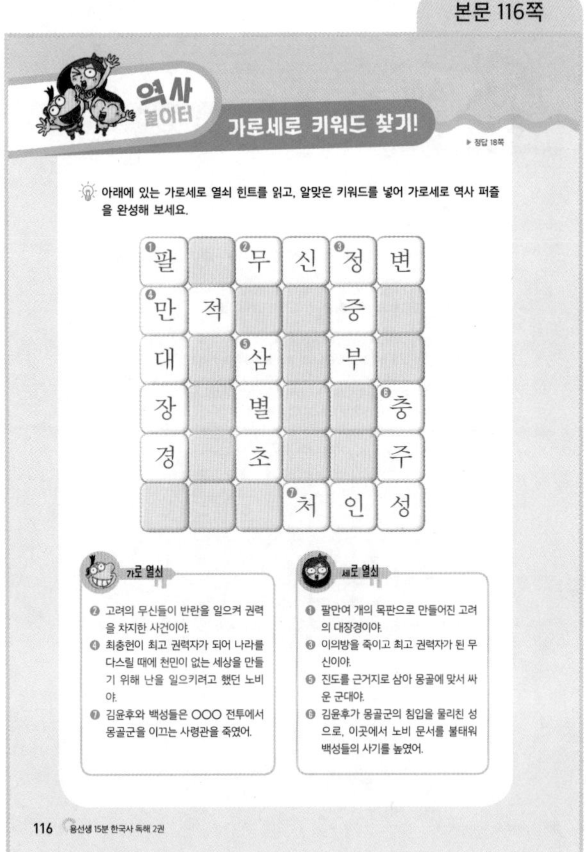

본문 116쪽
역사 놀이터
가로세로 키워드 찾기!
▶ 정답 18쪽
아래에 있는 가로세로 열쇠 힌트를 읽고, 알맞은 키워드를 넣어 가로세로 역사 퍼즐을 완성해 보세요.
❶팔 ❷무 신 ❸정 변
❹만 적 중
대 ❺삼 부
장 별 ❻충
경 초 주
❼처 인 성
가로 열쇠
❷ 고려의 무신들이 반란을 일으켜 권력을 차지한 사건이야.
❹ 최충헌이 최고 권력자가 되어 나라를 다스릴 때에 천민이 없는 세상을 만들기 위해 난을 일으키려고 했던 노비야.
❼ 김윤후와 백성들은 OOO 전투에서 몽골군을 이끄는 사령관을 죽였어.
세로 열쇠
❶ 팔만여 개의 목판으로 만들어진 고려의 대장경이야.
❸ 이의방을 죽이고 최고 권력자가 된 무신이야.
❺ 진도를 근거지로 삼아 몽골에 맞서 싸운 군대야.
❻ 김윤후가 몽골군의 침입을 물리친 성으로, 이곳에서 노비 문서를 불태워 백성들의 사기를 높였어.
116 용선생 15분 한국사 독해 2권

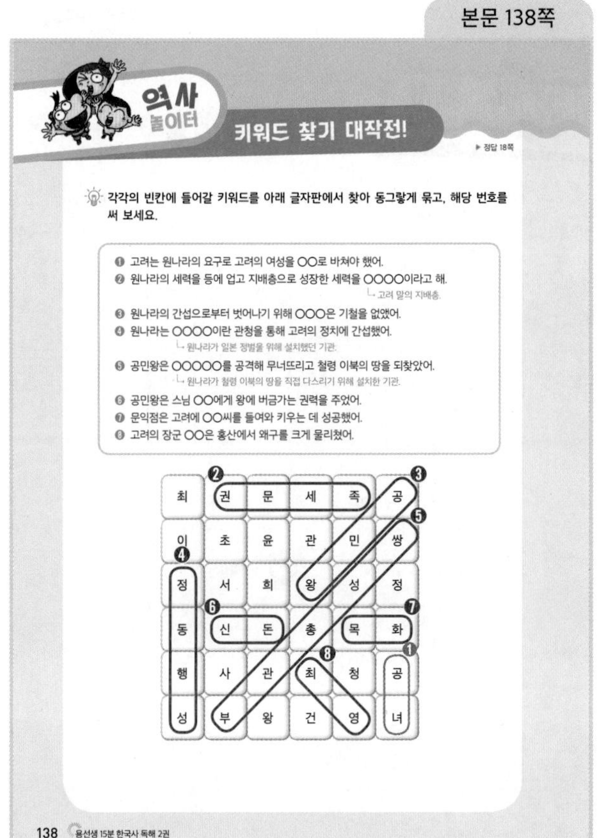

본문 138쪽
역사 놀이터
키워드 찾기 대작전!
▶ 정답 18쪽
각각의 빈칸에 들어갈 키워드를 아래 글자판에서 찾아 동그랗게 묶고, 해당 번호를 써 보세요.
❶ 고려는 원나라의 요구로 고려의 여성을 OO로 바쳐야 했어.
❷ 원나라의 세력을 등에 업고 지배층으로 성장한 세력을 OOOO이라고 해.
└ 고려 말의 지배층.
❸ 원나라의 간섭으로부터 벗어나기 위해 OOO은 기철을 없앴어.
❹ 원나라는 OOOO이란 관청을 통해 고려의 정치에 간섭했어.
└ 원나라가 일본 정벌을 위해 설치했던 기관.
❺ 공민왕은 OOOOO를 공격해 무너뜨리고 철령 이북의 땅을 되찾았어.
└ 원나라가 철령 이북의 땅을 직접 다스리기 위해 설치한 기관.
❻ 공민왕은 스님 OO에게 왕에 버금가는 권력을 주었어.
❼ 문익점은 고려에 OO씨를 들여와 키우는 데 성공했어.
❽ 고려의 장군 OO은 홍산에서 왜구를 크게 물리쳤어.
최 권 문 세 족 공
이 초 윤 관 민 쌍
정 서 희 왕 성 정
동 신 돈 총 목 화
행 사 관 최 청 공
성 부 왕 건 영 녀
138 용선생 15분 한국사 독해 2권

MEMO

MEMO

★★★★★

한국사 학습에 필요한 필수 어휘까지 잡았다!

"용선생 한국사 독해 시리즈만 풀리면 어휘 교재는 따로 안 사도 되겠네요!" 홍*영_초1·초3 학부모

"왕위, 관직, 폐하, 정권, 정변…. 역사책에는 자주 등장하지만 아이에게 바로 설명해주기 어려운 어휘까지 콕 집어 설명해 주네요!" 유*은_초3 학부모

"사회 교과서에 자주 등장하는 역사 용어가 다 있어요. 어떠한 역사책도 거뜬히 읽어 낼 수 있는 어휘력을 기를 수 있습니다!"
강보민 선생님(해밀독서연구소 소장)

"한국사 인물 이야기를 읽다 보면 한국사의 흐름이 잡힙니다. 초등 5학년 사회 공부가 쉬워지겠어요!"
변규리 선생님(라별에듀)

"교재를 시작하더니 한국사가 정말 재밌대요! 하루에 여러 챕터 푼다고 하는 거 겨우 말렸어요." 조*선_초3 학부모

"이제 한국사 공부는 아이가 스스로 알아서 합니다. 하루 중 가장 먼저 집어 드는 교재예요." 윤*영_초4 학부모

초등학교	학년	반
이름		